KB205633

기독교적 인문학 클래스

크 리 스 천
교 양 필 수

기독교적 인문학 클래스 ▬▬▬▬▬▬▬▬

크리스천 교양 필수

초판 1쇄 발행   2020년 9월 1일

지은이   이은아 윤신애 정종민 손수진 오주희

펴낸곳   컨텐츠조우
펴낸이   최재용
출판등록   2019년 9월 26일 제 2019-000073호
주소   서울시 용산구 한강대로104가길 11-8,B03
전화   02-310-9775
팩스   02-310-9772
전자우편   jowoocnc@gmail.com

ⓒ이은아,윤신애,정종민,손수진,오주희 2020
ISBN 979-11-963624-4-7

*본 제작물에는 나눔명조, 나눔스퀘어라운드, MAPO꽃섬, TLab신영복, 원천약정이체가 사용되었습니다.

기독교적 인문학 클래스

크리스천 교양 필수

지은이

이은아 윤신애 정종민 손수진 오주희

컨텐츠
조우

인문학이 존재에게 말한다

이승무
만안감리교회 담임
남서울대학교 겸임교수

인문학이 '인간'에게 말한다

옥스퍼드 대학에 있는 수학과는 이공계열이 아닌 인문계열에 속해 있다고 합니다. 이를 궁금하게 여긴 한 학생이 이에 대해 물었을 때 그 질문을 받은 수학과 교수는 이렇게 대답했다고 합니다. "수학을 공부하다 보면 철학을 공부하게 되고 철학을 공부하다 보면 신학을 공부할 수밖에 없게 되지. 그래서 수학은 인문계열에 속해 있는 거라네." 그렇습니다. 가장 인문학과 거리가 멀 것만 같은 수학 그리고 수학을 기반으로 한 과학은 그 영역에 있어 철저하게 인간과 관련되어 있습니다. 현대 과학의 가장 최첨단인 인공지능에 대한 연구 또한 컴퓨터 공학만으론 부족하여 인간의 의사결정 수단을 연구하는 인지심리학, 신경심리학을 비롯한 다양한 인문학적 연구가 병행되어 진행되는 것을 볼 수 있습니다. 당연히 인간을 이해하는 가장 좋은 방법은 인간을 의학적, 과학적으로 접근해 해부학적으로 이해하는 것에 더해 인류의 역사, 문학, 음악, 미술에 대해 연구함으로써 인간 존재 자체에 대해 통찰하는 것입니다. 인간이 세상을 이해하려고 노력하는 것 또한 인간 존재에 대한 연구로 귀결되니 인문학적인 것이라 하겠습니다. 현대 과학이론의 근본을 이루고 있다고 여겨지는 상대성이론과 양자물리학 또한 그렇습니다. 일반적으로 상대성이론은 가장 광활한 우주를 이해하려는 통찰입니다. 그리고 양자물리학은 인간이 가장 작다고 파악하고 있는 원자를 이해하기 위한 이론이라고 말합니다. 그러나 우리 인간은 우주를 이해하기에는 너무 작고 원자를 이해하기에는 너무 큽니다. 우리가 갖추지 못한 아직도 설명할 수 없는 과학 너머의 세계는 그것을 상상하고 통찰하며 규정하는 인간 그 자체에 대한 존재 규정-그것이 맞건 맞지 않건-을 통해서 이루어집니다. "나는 생각한다 고로 존재한다"는 데카르트의 유명한 철학적 명제는 놀랍게도 관찰에 의해 파동이 입자로 규정되는 양자물리학과 닿아 있는 것입니다.

　그렇기 때문에 이런 세상에서 왜 태어났는지 왜 죽는지 왜 살아가야 하는지도 모르는 우리 인간이 스스로를 어떻게 규정하는지는 엄청나게 중요한 이슈입니다. 그 규정에 따라 우리는 천국을 살 수도 지옥을 살 수도 있습니다. 종교가 타락하며 인간의 자유로운 사고를 압박했던 중세도, 인간 스스로의 우열을 판별해 차별을 객관화시키려 했던 세계대전의 슬픈 역사도, 공산주의와 자본주의의 이데올로기로

포장된 인간의 욕망이 만들어낸 냉전 또한 제대로 인간을 규정하지 못했던 인문학의 왜곡과 결핍에서 온 철학적 빈곤의 결과이기 때문입니다.

인문학이 '크리스천'에게 말한다

인간 일반에게 인문학이 필요한 이유를 어느 정도 수긍했다면 이제 우리 크리스천의 문제로 이야기를 특정하고 싶습니다. 어떤 신앙인들은 일반 학문 혹은 인간 이성을 신앙과 적대적 대상으로 두는 경우가 많습니다. 과연 그것이 맞는 이치일까요? 여기 한 예술 분야의 대가가 있다고 합시다. 이 대가를 이해하는 방법은 여러 가지가 있습니다. 그가 직접 남긴 글들이 있다면 좋은 자료가 될 것입니다. 그를 잘 알았던 가족이나 지인이 그에 대해 평가한 것들이 있다면 이 또한 그를 이해하는 데에 도움이 될 것입니다. 무엇보다 그의 작품을 통해서 그의 사상과 마음을 만나는 것은 그를 이해할 수 있을 뿐만 아니라 겉으로 드러나지 않은 마음과 생각까지도 만나는 또 다른 중요한 방법이 됩니다. 그런 점에서 작품을 외면한 채 거장을 이해하려는 사람이 있다면 그것은 굉장히 어리석은 선택을 한 것이라 할 수 있습니다.

인문학이란 무엇인가를 우리가 다시 한번 떠올려 봅시다. 인문학에 대한 사전적 정의에 의하면 인문학이란 인간에 대한 가치 탐구와 표현활동을 다루는 것입니다. 즉 인간에 대한 이야기이며 인간의 사상과 문화에 대한 모든 것을 다루는 폭넓은 학문 그 자체라고 할 수 있습니다. 종교적으로 본다면 하나님이 만드신 인간이라는 존재에 대한, 그 역사와 삶 그리고 문화 등을 총괄적으로 이해하려는 학문이라는 것입니다. 그렇다면 인간에 대한 탐구를 한다는 것은 하나님을 바라보는 가장 중요한 길이 아닐까요? 그러므로 종교적으로 신앙과 인문학이 대립한다는 프레임은 너무도 속 좁은 이해입니다. 인문학 또한 우리의 삶을 이해하고 나아가 하나님을 이해하는 중요한 도구가 될 수 있습니다. 물론 왜곡된 인문학이 존재할 수 있습니다. 인문학이 이 세상을 이해하는 진리 그 자체가 아니기 때문입니다. 그러나 자연과학도 심지어 신에 대한 탐구를 한다는 신학도 왜곡되거나 오해로 점철되는 경우가 너무도 많습니다. 어쩌면 유한한 인간이 무한한 하나님의 영역에 대해 이해하려고 하다보니 왜곡과 오해가 있을 수 있음이 당연한 것이겠지요. 오히려 하나님의 것을 인간이 탐구하면서 정확성을 확신한다면 그것이야말로 오만이며 교만입니다. 때로는 인간에 대한 탐구를 한다고 하면서 성경과는 다른 결론을 내리는 인문학 분야가 있을 수도 있습니다. 하지만 그 잘못됨을 분별하고 하나님의 영원한 진리를 추구하는 것은 이 시대를 사는 우리 크리스천의 과제이기도 합니다. 그래서 인문학이 진리를 찾아 나아가는 도구가 될 수 있는 것이고 우리가 더 열심히 인문학을 접할 이유가 되는 것입니다.

인문학이 '나'에게 말한다

개인적으로 한참 감정적인 사춘기를 가볍게 지나고 이성적 사춘기를 만났을 때 필자는 신앙적인 위기에 직면해 있었습니다. 감성적 방황은 그 깊이가 크기는 했어도 지속되지는 않았었는데 이성적 방황은 나의 존재론적 삶을 바탕부터 크게 흔들었습니다. 이 시기에 탐닉했던 인문학 일부는 나를 거의 미치도록 몰입되게 만들었습니다. 헤르만 헷세의 문학에서 삶의 의미를 발견하고, 니체의 한마디가 성경보다 더 진리일 것만 같았던 시절을 보냈습니다. 장자의 세상에 대한 통찰은 내가 사는 세상을 넘어서서 다른 세상을 보는 듯한 짜릿함도 선사해 주었습니다. 돌이켜보건대 개인적으로 지식적으로 그리고 인격적으로 가장 많이 성장했던 시기가 아니었나 생각합니다.

그런데 역설적으로 인문학에 매료되어 침착되어 갈수록 극심한 우울감과 삶에 대한 회의를 가지게 되었습니다. 그리고 그 속에서 나를 구원했던 것은 놀랍게도 인문학적 회의나 탐구가 아닌 그리스도의 사랑이었습니다. 나는 인문학 공부를 적극적으로 권장하는 편입니다. 사람을 알지 못하고 신앙을 말한다는 것이 어불성설이기 때문입니다. 그러나 인문학 자체를 우상화시키면 그것은 굉장히 위험한 것이라 말하고 싶습니다. 내게 가장 소중한 것이 신앙이라고 말한다면 나의 내면을 지속적으로 성장시키고 지금도 지적 유희를 통해 세상을 보는 눈을 키워가는 힘은 인문학에 대한 탐구로부터 얻고 있다고 할 수 있습니다.

인문학이 스스로의 가치를 증명하는 법

지금도 인간과 세상에 대한 탐구는 계속되고 있습니다. 그러나 이것 역시 지속적으로 변화하고 있습니다. 한동안 세상을 지배했던 자본주의와 공산주의의 논쟁은 그 자체로 더 이상 세상의 혁명과 변화를 담을 수 없는 것으로 결론이 났습니다. 이념을 우상화시킨 결과, 인간은 이 땅에 수많은 대결과 전쟁을 만들어내며 희생자를 양산했지만 지금은 소수의 사람만이 그 이념을 추종할 뿐입니다. 인간의 탐욕을 위해 인문학을 우상화시킨 이 이데올로기는 인간을 끝없이 망가뜨립니다. 그러므로 우리는 하나의 학문적 이론이나 이데올로기가 세상을 제대로 충분히 그리고 완벽하게 설명할 수 없다는 것을 통찰하고 특정한 인문학을 섬기는 것이 아니라 다양한 인문학을 수단으로 하나님을 만나고 나를 성숙시켜야 합니다. 그것이 크리스천들에게 있어 인문학이 가장 빛나는 지점임을 이해하고 내 삶을 하나님이 기뻐하실 수 있도록 보다 아름답고 튼튼하게 세우는 데에 인문학을 활용해야 할 것입니다. 그렇게 되면 인문학은 하나님을 바라보며 성장하는 우리의 삶에 소중한 자양분이 될 것입니다.

글 순 서

기독교인이라면 누구나 한 번쯤 고민해 보았을 '왜 하나님이 세상에 고통과 악을 허락하셨을까' 하는 문제에 대해 수많은 철학자들과 지식인들의 논쟁이 있어 왔습니다. 이 글에서는 그러한 논쟁들을 정리하여 살펴봅니다. 철학이나 인문학에 관심이 없으셨던 분들에겐 조금 어렵게 느껴질 수도 있으니 자신이 없으신 분은 2교시부터 읽으셔도 됩니다.

1교시 철학

고통의 의미에 대한 철학적 고찰
- 악의 문제를 바라보는 한가지 방법-

이은아

세인트 조셉 컬리지-뉴욕 롱아일랜드

글을 시작하며[1]

　　어느 날 다섯 살짜리였던 저의 아들이 이렇게 질문을 했습니다. "모기도 하나님이 만들었어? 모기를 왜 만드셨지?" 아이는 벌겋게 부어올라 가려운 곳을 벅벅 긁으며 왜 이 해충을 하나님이 창조하셨는지 의아해했습니다. 아이와 눈높이를 맞추느라 쉽지 않았지만 이 질문으로 인해 나쁘다는 것은 누구에게 나쁜 것인지, 나쁜 것이 어떤 좋은 의미는 없는지 아이와 대화를 나눌 수 있었습니다. 그리고 이 단순한 질문이 사실은 굉장히 오래된 그리고 심오한 하나님에 대한 철학적 질문과 연관되어 있다는 점을 깨달았습니다. 저는 지금부터 기독교를 옹호하고자 했던 철학자들이 흔히 가장 어렵다고 고백하며 수세기에 걸쳐 고군분투해왔던 '악의 문제'에 대해서 이 글을 쓰고자 합니다. 미리 말씀드려야 할 것은 저는 평신도일 뿐, 신학을 전공하지도 않았고 기독교 안에 존재하는 여러 종파 간의 교리 상의 차이에 대해서도 해박하지 않습니다. 다만 미국 대학에서 철학사를 강의하며, 이 문제가 사람들에게 얼마나 어려운 지적 도전을 안겨 주었는가 그리고 여전히 얼마나 중요한 문제인가를 느끼게 되었습니다.

　　현재 제가 가르치고 있는 학교는 수녀님들에 의해 세워진 가톨릭 계열의 대학교로, 전교생에게 전공분야와 상관

없이 폭넓은 인문학 교양 교육을 강조하는 학부 중심의 리버럴 아츠 스쿨(liberal arts school)입니다. 학교가 기독교적 전통 위에 설립되었다 보니 학교 곳곳에 기독교 정신이 자연스럽게 스며들어 있고, 강의실에서도 크리스천으로서의 신앙이나 소명 혹은 기독교 교리 등에 대해서 별 거부반응 없이 비교적 자유로이 대화를 나눌 수가 있습니다. 그러나 제 강의실 안에는 천주교와 개신교를 포함하는 다양한 종파의 기독교인뿐만 아니라 유태교, 힌두교, 시크교 등과 같이 전혀 다른 종교적 배경을 지닌 학생들도 있고, 무신론자 학생들도 적지 않게 섞여 있습니다. 이렇게 다양한 사상적, 문화적 배경을 염두에 둔다고 하더라도, 서양 철학사를 공부하는 데 기독교를 이해하는 것은 매우 중요합니다. 서양 철학의 많은 부분이 신학을 옹호하기 위해, 혹은 신학과 비판적으로 대결하면서 발달해 온 것이 부인할 수 없는 사실이기 때문입니다. 실제로 중세 철학과 근대, 나아가 현대 철학을 논할 때 기독교에 대한 이해가 없다면 그에 대한 비판이나 반발 또한 이해할 수 없기 때문에 신학에 대한 이해는 철학을 공부하는 데 있어서 어느 정도 필수적이라는 생각도 듭니다.

이처럼 서양철학사에 있어서 큰 비중을 차지하는 '신에 대한 논의'를 인류의 문화유산이자 지적인 탐구라는 관점에서 접근하다 보니, 저는 악의 문제를 강의실에서 소개할 때도 기독교를 냉철히 비판하는 무신론자들이나 불가지론자들의 비판을 기독교를 옹호하는 철학자들의 주장과 동등한 무게로 소개할 뿐 학생들에게 기독교적 입장을 일방적으로 가르치지는 않습니다. 강의실에서 제 역할이 기독교를 적극적으로 옹호하거나 선파하는 것은 아니지만, 저는 기독교를 비판하는 입장들을 자세히 살펴봄으로써 그 문제들에 대한 학생들의 이해를 돕고, 다른 한편으로 지독한 회의론에 맞서서 신앙을 갖는 것이 반드시 비이성적 혹은 반이성적인 것이 아니라는 점을 지적합니다. 다소 소극적이고 방어적으로 들릴 수도 있겠지만 기독교에 대해 고민하는 학생들에게 이 까다로운 문제에 대해 깊이 생각해 볼 기회를 여백처럼 남겨줌으로써 믿음을 갖는다는 것의 의미에 대해서 스스로 생각할 수 있도록 도와주는 것을 저는 제 역할로 여기고 있습니다. 이 글에서도 역시 저는 악의 문제에 대한 명쾌한 해답을 내리지는 못 할 것입니다. 다만 이 문제로 갈등해본 적이 있거나, 지금도 고민하고 있는 젊은 독자들과 함께 이 문제를 철학적 관점에서 함께 생각해 보는 시간을 가져볼까 합니다.

신이 전지전능하다면 왜 악이 존재하는가

초대 교회가 유대인을 넘어 이방인들에게도 복음을 전파하기 시작하던 시기에 사도 바울은 아덴(아테네)에 머물며 그 당시에 철학의 주류를 이루던 스토아학파 그리고 에피쿠로스 학파와 논쟁한 듯합니다. "어떤 에비구레오와 스도이고 철학자들도 바울과 정론할새 혹은 이르되 이 말장이가 무슨 말을 하고자 하느뇨 하고 혹은 이르되 이방신들을 전하는 사람인가 보다 하니 이는 바울이 예수와 또 몸의 부활 전함을 인함이러라." (사도행전, 17:18)[2] 이 중 에비구레오 즉, 에피쿠로스 학파의 기원이 된 고대 그리스 철학자인 에피쿠로스는 다음과 같은 질문을 던진 것으로 유명합니다. "신은 전능하지만, (악을 제거할) 의지가 없는가? 그렇다면 그 신은 악의적이다. 아니면 악을 제거할 의지가 있지만, 제거할 수 없는가? 그렇다면 그 신은 무능하다. 신이 전능하면서도 (선한) 의지가 있는가? 그렇다면 악은 대체 어디로부터 온단 말인가?"[3] 전지전능한 신을 부인하는 이 수사적인 질문으로부터 우리는 악의 문제가 초대 교회에게도 커다란 도전이 되었다는 것을 알게 됩니다.

세상에 왜 악이 존재하는가에 대한 고민은 기독교에만 한정된 것은 아니고, 보다 보편적인 질문입니다. 악이라는 개념이 너무 추상적이라면 이 문제를 고통의 문제로 바꾸어 생각할 수도 있습니다. 인간은 왜 고통받는가, 이 고통의 근원은 무엇인가, 어떻게 고통을 받아들여야 하는가, 하는 문제입니다. 역사적으로 많은 종교가 이 문제에 대한 해답을 제시해왔지만, 이 문제는 기독교인들에게 특히나 큰 도전이 됩니다. 그 이유는 바로 이 세계 만상이 하나님의 창조물이며 조물주는 모든 것을 알고 있고 또한 도덕적으로 선하다는 믿음 때문입니다. 이 세상에 초월적인 절대자가 존재하고 그 절대자가 또한 선하다고 믿는 사람에게, 세상에 널리 존재하는 악은 어니로부터 오는가 그리고 절내자는 왜 이 악을 허락하는가 하는 문제는 특별히 답하기 어려운 질문이 됩니다. 에피쿠로스 주의자들처럼 영원히 살 수 있는 신 혹은 다수의 신들이 존재하기는 하되 아름다운 천상계에 평화롭게 머물 뿐 인간의 고통에는 딱히 관심이 없어 세상사에 관여하지 않는다고 믿거나, 힌두교처럼 선한 신과 악한 신이 존재하며 이 세상에 일어나는 모든 일이 동등하게 강력한 선과 악 두 세력의 끊임없는 대결이라고 믿거나, 불교처럼 이 세상은 원래 고해, 즉 고통의 바다임을 받아들이고 수행을 통하여 끊임없이 우리를 목마르게 하는 정욕들을 비워 냄으로써 열반에 다다를 수 있다고 믿는다면 이 세상의 악 혹은 고통을 해결하는 것이 쉬워지지는 않더라도 그 기원을 이해하는 것이 그다지 어려운 과제는 아닐 것입니다. 그렇지만 모든 것을 알고(omniscient), 모든 것을 할 수 있으며(omnipotent), 지극히 선한(omnibenevolent) 유일신을 믿는 기독교인들에게 과연 이 악이 어떻게 발생하는가 하는 문제는 그 자체로 매우 어려운 과제입니다. 하나님이 전지전능하시고 지극히 선하심을 믿을뿐더러 우리를 '인격적으로 사랑하신다'고 믿는 기독교인도 가끔 지독한 고통을 겪거나 참혹한 현실을 바라볼 때 왜 하나님께서는 이 일을 허락하실까라는 질문을 던지게 됩니다. 무신론자나 회의론자들에게는 물론 이 문제가 기독교를 받아들이지 않을 여러 이유 중의 하나가 될 수도 있습니다.

철학적 신존재 증명, 목적론 그리고 회의론에 대하여

철학사 내에서 악의 문제는 '신존재 증명'이라는 형이상학적 문제와 깊이 연관되어 있습니다. 이 글을 읽는 여러분은 과연 신의 존재가 '증명'될 수 있는가 하는 질문을 던지고 있을지도 모르겠습니다. 실제로 직접적인 계시를 받는다거나 현실의 테두리를 뛰어넘는 기적을 체험하는 등 말로는 설명할 수 없는 신비로움을 경험하는 것은 종교에서 매우 중요한 부분이며, 어떤 분들은 이런 체험이야말로 종교의 본질이라고 말합니다. 기적과 계시를 통해 절대자를 직접적으로 마주하는 일은 인생을 통째로 바꿔 놓을 만큼 강렬한 것임이 분명하며, 이런 경험을 할 수 있는 사람들은 어쩌면 매우 운이 좋은 (혹은 은혜를 많이 받은) 사람일지도 모릅니다. 그러나 지나치게 신비적인 경험만을 강조하는 경향은 자칫 비이성주의로 빠질 위험이 있고, 무엇보다 이런 체험을 해보지 못한 사람들에게는 설득력이 없습니다. 그래서 기독교를 옹호하려는 철학자들 혹은 철학적인 경향을 지닌 신학자들은 종교가 인간의 이성과 반드시 배치되지 않을

뿐더러 인간의 이성 역시 하나님이 인간에게 부여한 선물이라면 이성이라는 도구를 사용하여 우리가 신이 존재함을 알 수 있다고 말합니다. 기적과 계시가 이를 직접 혹은 간접적으로 체험한 몇몇 개인들에게 국한된 반면, 이성은 모든 인간에게 보편적으로 주어진 것이니 신의 존재가 이성적으로 증명된다면 더 많은 사람들이 진리를 받아들일 수 있으리라는 기대도 할 수 있을 것입니다. 전자를 '체험신학' 혹은 '계시종교(revealed religion)'라고 한다면 후자는 '자연종교(natural religion)'라고 불립니다. 신의 존재를 이성적으로 증명하려는 시도는 크게 세 가지 범주로 나누어 볼 수 있는데, 이 세 가지는 바로 존재론적 증명, 우주론적 증명 그리고 목적론적 증명이라고 불립니다.

첫 번째로 존재론적인 증명(ontological proof)은 인간의 경험이나 관찰에 의지하지 않고 순수한 논리적 사유나 신이라는 개념의 정의를 통해서 우리가 신이 존재한다는 것을 알 수 있다는 논변으로 13세기의 수도사 안셀름(Anselm 또는 Anselmus)[4]이 지은 《프로스로기온(Proslogion)》이라는 책에 그 대표적인 예가 등장합니다. 안셀름은 우리가 신을 생각할 때 이미 우리는 생각할 수 있는 최상의 존재 즉 더 이상 좋아질 수 없는 완벽한 존재를 떠올리는데, 이런 존재가 우리 생각 속에만 있을 뿐 실제 세계에는 있지 않다면 이것은 우리가 생각할 수 있는 최상의 존재가 아니므로, 결국 생각할 수 있는 최상의 존재는 실제로도 존재할 수밖에 없다고 주장합니다. 다시 말해 '존재하지 않는 완벽함'이라는 것은 논리적인 자기모순이라는 것입니다. 서양 근대 철학의 아버지라고 불리는 16세기의 합리주의자 르네 데카르트(René Descartes) 또한 불완전하고 오류 투성이인 인간의 감각경험보다는 순수한 이성이 더 확실한 지식의 기반이 된다는 믿음으로부터 안셀름의 증명과 동일하지는 않지만 상당히 유사한 존재론적 증명에 호소합니다.[5] 데카르트는 자기의 의식을 가만히 들여다보면 신 즉 완벽한 존재라는 개념(idea)이 있음을 깨닫게 되는데, 우리가 경험할 수 있는 이 세상의 어떤 것도 영원히 지속되거나 완벽하지 않으므로 이 개념은 세상적인 경험을 통해 주어진 것일 수가 없다고 말합니다. 생각해보십시오. 불과 길어야 백 년을 사는 인생에서 아무도 '영원'이라는 것을 경험해 본 적이 없음에도 불구하고 우리가 '영원'이라는 말을 이해하고 이에 대해 이야기할 수 있다는 것이 신기하지 않습니까? 결국 데카르트는 이 완벽하고 영원히 변치 않는 신이라는 존재의 개념은 불완전한 '나'의 창조물일 수 없기 때문에 이미 우리가 가지고 태어난, 즉 신에 의해 우리의 영혼에 각인된 흔적이라고 주장합니다.

두 번째로 우주론적인 증명(cosmological proof)은 간단히 말해서 이 우주에서 관찰되는 다양한 현상이나 변

신 존재 증명

1st 존재론적 증명 *ontological proof*

불완전한

「완전함」은 인간의 창조물이 아님

신에 의해 각인된 흔적

2nd 우주론적 증명 *cosmological proof*

모든 원인, 인과관계의 시작점에는

'신'이 있을 수 밖에 없음

아퀴나스가 아리스토텔레스의 형이상학 에서

Hint 얻음

3rd 목적론적 증명 *teleological proof*

역사의 흐름 ──→ 목적을 실현하기 위한 과정
목적을 부여한 주체 ──→ 신

「목적이 이끄는 삶」

화가 왜 생겨나는지 그 원인을 찾아 인과관계를 거슬러 올라가면 그 시작점에 신을 상정할 수밖에 없다는 주장입니다. 이미 고대 그리스 철학자인 아리스토텔레스는 철학적 사유를 통해 이러한 근원적 존재를 깨닫고, 자신은 변화하지 않으면서 다른 모든 변화의 원인이 되는 '부동의 동자(the unmoved mover)' 또는 '최초의 동자(the prime mover)' 등으로 이를 표현합니다. 아시다시피 고대 그리스 철학은 한동안 이교도의 학문으로 기독교 문명에서 배척되다가 11~13세기에 아랍 학자들을 거쳐 유럽 문명에 재발견, 재도입됩니다. 이 과정에서 토마스 아퀴나스(Thomas Aquinas)는 아리스토텔레스의 철학을 받아들이고 이를 기독교 교리를 정교화하는 데 적용합니다. 특히 아퀴나스는 아리스토텔레스의 〈〈형이상학〉〉에 감명을 받고 논리적으로 신의 존재를 증명하는 '다섯 가지 길 (라틴어 원문으로 quinque viæ)'이 있음을 제시합니다. 이 다섯 가지 가운데 첫 세 가지 논증이 대표적인 우주론적 증명으로, 앞서 말한 아리스토텔레스의 최초의 동자, 최초의 원인이 바로 하나님이라고 결론짓습니다.

마지막으로 목적론적 증명(teleological proof)은 이 세상의 만물이 우연히 생겨나는 것이 아니라 어떤 목적을 위해 생겨나는 것이며, 역사의 흐름 또한 이미 주어진 목적을 실현하기 위한 과정이라는 인식 하에, 이러한 목적성이야말로 목적을 부여한 주체로서의 절대자를 가리킨다는 것입니다. 우주론적 증명이 우주의 기원이나 인과관계의 시작점으로서 신을 상정할 수밖에 없다고 주장한다면, 목적론적 증명은 이 우주에서 일어나는 일들에 계획과 의미, 방향을 부여하는 절대자의 보다 인격적인 측면을 가리킵니다. 몇 해 전에〈〈목적이 이끄는 삶(Purpose Driven Life)〉〉이라는 도서가 기독교 출판계에서 상당한 인기를 누렸는데,[6] 이와 같은 인기는 목적론적 사유가 현대 시대에도 여전히 유효하고 강한 설득력이 있다는 점을 보여줍니다. 이러한 목적론적 사유는 매우 뿌리 깊은 것으로서 아리스토텔레스 철학의 중추를 이루기도 하고, 아퀴나스의 다섯 가지 길 중에서 마지막인 다섯 번째 길에 해당되기도 합니다. 그러나 우주의 조화와 질서로부터 절대자의 존재와 선함을 유추하려는 노력은 특히나 유럽의 근대기에 들어 크게 유행하게 됩니다. 세 가지 범주의 신존재 증명 가운데 목적론적 증명이 우리가 살펴보고자 하는 악의 문제와 가장 밀접히 연관되어 있기 때문에 이 글에서는 18 세기에 있었던 우주의 합목적성에 대한 논쟁을 좀 더 자세히 소개해 드릴까 합니다.

18세기 영국의 철학자이자 신학자인 윌리엄 페일리(William Paley)는 〈〈자연신학(Natural Theology)〉〉이라는 저서에서 우리가 우주를 가만히 들여다보면 창조자의 지혜와 선함을 유추해낼 수 있다고 주장합니다. 조그만 손목

시계 하나만 들여다 보아도 그 안에 작은 톱니바퀴와 스프링과 볼트들이 정확하게 맞물리며 시간을 가리키는 시계의 목적이 달성되는데, 페일리에 따르면, 이 조화롭고 섬세한 움직임은 우연에 의해서가 아니라 제작자의 계획과 의도를 통해서만 가능하다는 것입니다. 잘 만들어진 시계의 작동을 보노라면 우리가 이 시계를 만든 제작자의 지혜에 감탄하게 되듯이, 대자연의 아름다움과 조화로움을 바라보면 우리는 이 신비롭기까지 한 메커니즘을 창조한 조물주의 섭리에 경이를 느끼게 됩니다. 우리 몸의 아주 작은 부분인 눈만 생각해 보더라도 안구와 홍채 그리고 수정체의 구조가 놀라울 정도로 섬세하게 배치되어 있는데 이 모든 질서가 조물주의 지혜와 계획 없이는 설명될 수 없다는 것입니다. 안구의 구조와 매우 유사한 망원경 구조를 만들어내는 데도 엄청난 지혜와 고안이 필요한 법이며, 아무리 의학과 기술이 발달해도 애초에 눈을 디자인한 조물주의 지혜를 모방할 뿐 그 신비의 전부를 이해하기란 거의 불가능하다는 주장도 이와 일맥상통합니다. 페일리는 이토록 자명한 섭리를 거부하고 마치 이 모든 물질들이 저절로 질서를 찾아 자리 잡았다고 믿는 무신론자들의 주장이 부조리하다고 주장합니다.

그러나 우주에 존재하는 증거를 통해 신의 존재를 증명하고 우주의 조화와 아름다움으로부터 그 지혜와 선함을 '유추'하려는 노력은 종종 강력한 반론에 부딪힙니다. 혹자는 오히려 우주의 모든 증거가 정반대의 결론을 가리키고 있다고 합니다. 이 세상에서 벌어지는 끊이지 않는 범죄와 기아 그리고 참혹한 폭력과 전쟁을 보건대, 어디서 조물주의 지혜와 선함을 유추할 수 있느냐는 것입니다. 17세기 영국의 철학자 네이비드 흄(David Hume)은 사후에 발표된 저서 《〈자연 종교에 관한 대화들(Dialogues Concerning Natural Religion)〉》에서 서로 다른 입장을 가진 가상의 세 인물 사이의 대화를 통해서 합리적 사고나 과학적 증거에 기반해서 신의 존재를 알 수 있다는 입장을 비판적으로 검토합니다. 이 대화록에는 정통 기독교의 교리를 대표하는 데미아, 앞서 살펴본 페일리나 물리학자인 아이작 뉴튼처럼 우주에 존재하는 증거를 통해 신이 존재함을 알 수 있다는 입장을 대표하는 클린티스, 그리고 흄 본인의 입장인 회의론을 대표하는 파일로라는 인물이 등장하여 논쟁을 벌입니다. 이 책의 마지막 부분에서 흄은 이렇게 말합니다. "이 지구는 저주받았고 오염됐어요. 모든 살아있는 존재들에게 끊임없는 전쟁이 일어나죠. 부족함과 굶주림 그리고 욕구들이 힘세고 용기 있는 자들을 자극하고, 무서움과, 불안함 그리고 두려움이 힘없고 약한 자들을 지배합니다."[7] 흄은 불합리한 이 세상을 바라보면, 그로부터 신의 정의나 자비와 같은 도덕적 면모들을 유추해내는 것은 비합리적이라고 결론짓습니다. 다시 말해 우리의 경험에 비추어볼 때, 절대적인 영적 존재라는 것은 없거나, 그러한 존재가 있더라도 선과 악에 무관심하거나, 더욱 심한 경우 역설적으로 그 영적인 존재가 도덕적으로 악할 수도 있다는 생각에 다다르게 된다는 것입니다. 결국 흄은 신이 존재하지 않는다는 무신론자의 입장보다는 우리의 이성으로는 신이 존재한다는 증거를 찾을 수 없다는 불가지론자의 입장으로 책을 마무리합니다.

흄의 시대로부터 거의 삼백 년이 지났지만 오늘날에도 여전히 흄의 비관적인 진단에 동의하는 사람들이 많이 있습니다. 환경의 오염은 그때와는 비교도 할 수 없을 만큼 악화됐고 인류는 두 차례나 세계 대전을 겪었으면서도 보다 치명적인 무기개발을 그치지 않고 있고 눈부신 의술의 발달에도 불구하고 전염병이나 불치병으로 고통받는 사람들이 넘쳐납니다. 오히려 18세기 보다 우리가 살아가는 21세기가 훨씬 나빠졌다고 보는 사람들이 있을지도 모르겠습니다. 그러나 하나님을 믿는 사람들은 반드시 이와 같은 부정적 견해에 동의할 필요는 없습니다. 왜냐하면, 우리의 관점에서 볼 때 악한 것이 신의 관점에서 볼 때도 악하다는 보장이 없기 때문입니다. 예를 들어서 두 차례의 세계 대전은 엄청난 살상과 파괴를 몰고 왔지만 이를 통해 인류는 평화의 중요성에 대한 큰 교훈을 얻었습니다. 끊임없이 돌고 도는 전염병은, 그로 인해 희생되는 개개인을 보면 비극이지만, 지구 전체를 보면 계속 증가되는 인구수를 조절하기 위한 자연의 자정작용으로 볼 수도 있습니다. 다시 말해서 우리가 어떤 것을 악하다거나 혹은 나쁘다고 판단할 때, 이러한 판단은 인간의 지극히 부분적이고 유한한 '관점'에서 이루어진 것이며, 여러 관점들 간에 상충되는 이익 때문이라는 것입니다. 즉 어떠한 비극이나 사건도 신의 섭리에서 벗어나지 않으며, 종국에 더 큰 선을 이루기 위해 하나님이 이용하시는 '도구'가 된다고 우리는 믿을 수 있습니다.

어떤 사건을 부분이 아닌 전체의 관점에서 또는 개별적인 차원이 아닌 역사적인 흐름 속에서 인식할 때 선과 악에 대한 우리의 판단이 달라질 수도 있다는 것은 자명한 듯 보입니다. '새옹지마'라는 고사가 알려 주듯이, 변방에 살던 노인이 아끼던 말을 잃어버리자 사람들이 위로하고, 집 나갔던 말이 돌아오자 사람들은 잘됐다며 축하합니다. 그러나 곧 돌아온 말을 타다 아들은 다리가 부러지는 사고를 당하게 되지만, 이 사건을 통해 아들은 다리를 절게 되어 결국 노인은 위태로운 전쟁에 아들을 보내지 않아도 됩니다. 이 옛날이야기를 사람들은 보통 인간의 길흉화복은 한 치 앞을 알 수 없다는 의미로 받아들입니다. 그러나 이러한 수준에 머물지 않고, 몇몇 철학자들은 인류의 역사가 유구한 흐름을 통해 특정한 방향을 향해 나아가고 있다고 주장합니다. 18세기 독일의 철학자 칸트(Immanuel Kant)는 이러한 역사의 흐름을 인간 이성의 발전을 통한 '진보와 계몽'의 흐름으로 이해했고, 19세기 철학자 헤겔(G.W.F. Hegel)은 변증

법적 과정을 거쳐 스스로를 발현하는 '정신'으로 이해했으며, 뒤를 이은 마르크스(Karl Marx)는 이를 봉건주의와 자본주의 내적인 모순을 통해 필연적으로 도래할, 그러나 혁명을 통해 앞당길 수 있는, 공산사회라고 이해했습니다. 기독교 사상에서도 부분이 아닌 전체를 바라보는 시점이 중요하지만 여기에는 결정적 차이가 있습니다. 기독교인들에게 이 전체는 언제나 '구속사'적인 의미에서 이해되어야 하기 때문입니다. 즉 개별 사건들의 비극성에도 불구하고 그 사건들이 인간을 구원하기 위한 하나님의 뜻에 어떻게 사용되는가 하는 질문을 던져야 한다는 것입니다. 막상 내게 어려운 일이 일어날 때 당장 그 일의 의미를 이해하기 힘들지만, 나의 관점이 아니라 하나님의 관점에서 우리는 그 사건을 바라보려고 노력합니다. 그러면 종종 제한된 지식과 성급한 판단으로 인해 섣불리 원망하던 것이 감사의 원인으로 변화되는 경험을 하게 됩니다.

그러나 모든 것을 하나님의 관점에서 바라보면 찰나의 비극이나 개별적 희생이 새로운 의미를 부여받을 수 있다는 해석, 즉 기독교적 목적론에 대해서도 강력한 반발이 존재합니다. 왜냐하면 이런 태도는 종종 과거에 일어났던 혹은 현재 자행되고 있는 무수한 불의를 미래에 도래할 정의를 위하여 일어날 수밖에 없는 것으로 '정당화'하기 쉽기 때문입니다. 이러한 비판적 목소리의 백미는 다름 아닌 러시아 작가, 도스토예프스키의 문학 작품인 〈〈카라마조프가의 형제들〉〉에 등장합니다. 이 소설은 러시아가 아직도 전제군주 치하에 있던 19세기를 배경으로 20세기 초 공산혁명에 이르기까지 카라마조프 집안의 삼 형제에 초점을 맞추고 격변의 시대를 살아가던 사람들의 모습을 만화경처럼 다채롭게 보여줍니다. 이 삼 형제 중, 드미트리는 가장 '카라마조프적'인 맏아들로서 이상적인 것을 추구하면서도 인간적인 정욕과 물욕에 충실한 인물입니다. 반면 둘째 아들인 이반은 고향을 떠나 모스크바에서 대학을 다니다 당대 유럽을 주름잡던 여러 철학 사조를 접하며 사회의 불평등과 부조리에 눈을 뜹니다. 이반은 이러한 사상적 각성을 토대로 절대군주 치하의 폭정에 신음하는 러시아 농민들의 비참한 삶에 같이 아파하다가 결국 사회주의자가 됩니다. 마지막으로 알료샤라는 막내아들은 순수한 눈빛을 가진 독실한 기독교인으로 하나님을 위해 살기 위해 신부가 되기로 결심합니다. 이 장편소설에서 냉소적인 유물론자인 이반이 잠시 고향에 내려와 박애주의자인 초보 신부 알료샤와 나누는 대화는 불과 삼십 페이지가 채 안 되지만 그 어떤 철학적 논문보다도 악의 문제를 둘러싼 지적인 갈등을 첨예하게 보여줍니다.

인간이 얼마나 악한 존재인지 그리고 이 사회가 얼마나 불의와 폭력으로 점철되어 있는지 열변을 토하던 이반은 그중에서도 특히, 아무 죄 없는 어린아이들이 받는 학대와 고통을 낱낱이 열거하며 이 아이들이 대체 무엇을 위해 고통받아야 하는지 알료샤에게 묻습니다. 이반의 이야기들은 굉장히 잔혹해서 읽기조차 괴로운데, 도스토예프스키는 당시에 발행되던 잡지나 신문을 열심히 읽으며 기사들을 스크랩해 두었다가 이를 소설의 소재로 사용했다고 하니 이 이야기들은 단지 상상의 산물이 아니라 실제로 일어난 사건들을 각색했을 가능성이 큽니다. 그중에서 넓은 영토의 지주이자 수백 명의 농노들 위에 절대적인 힘을 휘두르며 폭군처럼 군림하던 한 퇴역 장군의 명령에 의해 처참하게 찢어 죽임을 당하는 여덟 살짜리 아이의 이야기는 너무 끔찍해서 한번 읽으면 쉽게 뇌리에서 지울 수 없습니다. 어느 날 자신이 기르던 백여 마리의 사냥개 중에 가장 아끼던 하운드가 다리를 저는 것을 본 장군은 그 이유를 묻고, 어떤 농노의 자식이 장난으로 던진 돌에 맞아 사냥개가 불구가 되었다는 것을 알게 됩니다. 영주는 즉시 아이를 데려다 감금하라고 명령을 하고는 그 이튿날 새벽녘에 당시 귀족들의 취미대로 대규모 사냥대를 준비하라 이릅니다. 이반의 목소리로 인용해보겠습니다.

　　　　우중충하고 춥고 안개가 많이 낀 가을날이었어. 사냥하기엔 최적의 날이었지. 그 장군이 아이의 옷을 벗기라고 명령하자, 아이는 발가벗겨져. 아이는 부들부들 떨며, 공포로 무감각해진 채 차마 울지도 못하지. … "아이더러 뛰게 해." 장군이 명령을 내리자, "달려! 달려!" 개를 돌보는 소년들이 아이에게 외쳤어. 아이가 뛰었지. … 퇴역장군이 "아이를 쫓아!"라고 소리치며 사냥개 무리가 아이를 뒤쫓도록 풀어놓았지. 사냥개들은 소년을 잡고 아이 엄마의 목전에서 소년을 갈기갈기 물어뜯었지…. 장군은 어떤 벌을 받아야 하지? 총으로 쏴 죽여야 할까? 우리의 도덕적 감정을 만족시키기 위해 쏴 죽이는 게 맞을까? 말해봐, 알료샤!"[8]

사나운 사냥개 떼에게 쫓기다 찢겨 죽은 어린아이가 느꼈을 공포와 그 참상을 떨며 목도해야 했던 아이 어머니의 고통을 떠올리면 마음이 먹먹해집니다. 그렇지만 혹자는 이렇게 말할 수도 있을 것입니다. 이 아이의 고통 또한 하나님은 더 큰 선을 위해 사용하실 수 있지 않습니까? 이 사건은 봉건제의 불의가 고름처럼 곪아 터져 농노들이 혁명에 가담하게 되는 데 도화선이 될 수도 있지 않습니까? 아이의 죽음은 마음이 아프지만 이 아이의 죽음마저 하나님이 들어 쓰실 수 있는 것 아닙니까? 작중에서 이반도 이와 같은 해석의 가능성을 알고 있지만, 그는 이를 단호히 거부합니다. 이반은 먼 미래에 이루어질 더 큰 선이라는 게 과연 무엇인지, 누구를 위한 것인지, 무엇보다, 그것이 한 무고한 어린 생명의 희생을 대가로 치러야 할 만큼 가치 있는 것인지 묻습니다. 사람들은 '공의로우신 하나님, 주의 뜻이 이루어지이다'라고 외치지만, 이반은 신이 이루고자 하는 뜻이 종국에 아무리 아름답고 조화롭다 하더라고 이것이 무고한 아이를 고문해서 이루어져야만 한다면, 그 뜻을 받아들일 수 없다고 소리칩니다. 타인의 고통과 희생을 양분으로 삼아야만 조화와 균형이 이루어지는 그 전체의 일부가 되기를 거절한다는 것입니다. 이 세상의 고통이 천국을 이루기 위한 도구라면, 천국이 아무리 아름답다 해도 이를 위한 대가가 너무 크다는 것입니다. 부조리로 가득한 이 세상을 이해할 수 없는 이반은 이렇게 선언합니다. "그래서 나는 이 입장권을 빨리 반납하려 해. 그리고 내가 정직한 사람이라면 가급적 빨리 이 입장권을 반납해야겠지."[9] 이반은 다시 말해 용감한 휴머니스트입니다.

믿음을 가진 사람이라면 하나님이 고통을 허락하시는 데는 그럴 만한 이유가 있기 때문일 것이라고 믿습니다. 마치 자식들을 사랑하는 부모가 자식들을 마냥 내버려 두는 것이 아니라 훈육을 통해 다듬어지고 성숙해지고 올바른 길로 가기를 바라는 것처럼 하나님께서도 이 고통을 통해 우리에게 주시는 메시지가 있거나 혹은 이 고통을 겪게 함으로써 종국에 이루고자 하시는 바가 있다고 믿을 수 있습니다. 그럴 때 고통은 무언가 더 높은 목표를 위한 수단이 됩니다. 이 목표는 그 고통을 정당화할 수 있을 만큼 가치 있고 중요한 것이어야 할 것입니다. 많은 반기독교 철학자들 또한 진정한 사랑도 때로 고통을 허락할 수 있다는 점은 수

궁합니다. 다만 이렇게 엄청난 고통을 겪더라도 성취해야 하는 그 목표가 과연 무엇인가, 그 목표가 무엇이든 이렇게까지 엄청난 고통을 허락한다는 것은 잔인하지 않은가라는 질문을 던지는 것입니다. 지금도 전쟁과 기아로 매 순간 죽어가고 있는 어린 영혼들을 생각해보십시오. 자연재난으로 한순간 소중한 가족을 잃거나 또는 정치적 핍박으로 고향을 잃고 유리하는 수백만 난민들을 생각해 보십시오. 우울증에 시달리다 극도의 심리적 스트레스로 인해 자살을 택하는 많은 사람들을 보십시오. 이 사람들 하나하나를 사랑하신다면 왜 이런 일이 일어나야 합니까? 다음 장에서는 앞서 살펴본 이반 카라마조프의 비판을 마음에 새기면서 그렇다면 이 모든 고통을 정당화할 수 있을 만큼 가치 있고 중요한 것이 무엇인지에 대해서 생각해 보겠습니다.

악의 문제와 인간의 자유의지

　　신정론, 즉 악의 문제에 맞서 신의 정의로움을 옹호하는 논의에서 가장 널리 받아들여지고 있는 입장은 하나님이 인간에게 자유의지를 주셨고, 인간이 자유의지를 오용한 결과 죄를 범하게 되었다는 설명입니다. 일찍이 4세기에 태어나 로마 제국의 기독교화에 크게 기여했던 어거스틴(Augustine 또는 Augustinus)은 악의 기원과 더불어 자유 의지의 문제와 씨름합니다. 그의 수작인 〈〈고백록〉〉에서 어거스틴은 모든 것이 신으로부터 왔다는 성경의 가르침에 의거해 악은 또 다른 초월적 존재로부터 생성된 것일 수 없으며, 다만 인간에게 주어진 자유의지의 부작용으로 생겨났다는 입장을 밝힙니다.[10] 어거스틴은 젊은 날에 마니교에 심취했었는데 마니교는 – 마치 스타워즈에 나오는 어둠의 세력과 빛의 세력처럼 – 동등한 힘을 가진 선과 악의 세력이 존재한다고 믿으며 모든 일을 이 두 세력 간의 갈등과 싸움으로 이해하기 때문에, 기독교로 회심하는 어거스틴에게 악의 기원과 위상은 특히나 중요한 문제였습니다. 이 심오한 저서에 가득한 어거스틴의 치열한 고민과 인간으로서 느끼는 진솔한 고뇌를 단 몇 줄로 요약하기는 불가능할 것입니다. 그럼에도 불구하고 거친 단순화를 무릅쓰고 말해보자면, 어거스틴은 모든 선이 하나님으로부터 온다는 '은총론'을 받아들였는데, 악을 인간의 자유의지에서 비롯되었다고 봄으로써 악이 하나님과 동등하게 영원히 존재하는 것이 아니며 하나님에 의해 창조된 것이 아니라는 점을 설명할 수 있게 됩니다. 그러나 어거스틴은 하나님은 모든 것을 이미 알고 계신다는 '예지론'을 또한 함께 받아들였기 때문에, 인간이 자유의지를 악하게 이용하여 범죄를 저지를 것이라는 점을 하나님이 알고 계셨으면서도 왜 자유의지를 허락하셨는가 하는 또 다른 난제와 맞닥뜨리게 됩니다.

이후에 전개되는 철학사에서도 자유의지론은 기독교

의 교리에 있어서 매우 핵심적인 설명을 가능하게 하면서도 악의 기원과 하나님의 예지 또는 섭리와 관련하여 매우 난해한 문제들을 낳게 됩니다. 다시 데카르트의 예를 들자면, 데카르트는 신이 인간에게 이성과 의지라는 두 가지 선물을 주셨는데, 이 두 능력은 별개로 볼 때는 모두 선하지만 다만 인간이 이 두 능력을 함께 사용할 때 불균형적으로 적용하는 데에서 오류가 일어난다고 보았습니다. 즉 인간의 지식은 제한적임에도 불구하고, 인간이 완벽하게 이해하지 못하는 것들에 대해서도 절대적인 의사를 행사함으로써 -전적으로 단언하거나 부인함으로써- 잘못을 저지른다는 것입니다. 이를 해결하기 위한 데카르트의 해법은 지식의 확대와 올바른 사용이었습니다. 쉽게 말해 우리가 가지고 있는 오해와 무지를 벗어버리고 더 이상 의심할 여지가 없을 만큼 '명석하고 판명'하게 파악된 것들만 지식으로 받아들임으로써 이 두 능력 사이의 간극을 해소할 수 있기를 바란 것입니다.

한편 독일의 외교관이자 수학자 겸 철학자였던 라이프니츠(G. W. Leibniz) 역시도 그의 《《변신론(Theodicy)》》에서 이 문제를 자신의 철학의 핵심 과제로 다루면서, 신의 예지와 섭리에 의해 모든 것이 필연적으로 일어나는 이 세계에서 인간이 스스로 선택하고 행동할 수 있는 자유의지를 갖는다는 게 어떻게 가능한지를 보이고자 합니다. 이 논증에는 매우 복잡한 형이상학적 문제들이 스며 있지만, 결국 라이프니츠는 인간의 자유를 '다르게 행동할 수도 있는 가능성'으로 이해함으로써 인간의 자유가 결정론적인 세계관과 배치되지 않는다고 주장합니다. 이런 의미에서 볼 때, 가능한 것이 반드시 현실화될 필요는 없기 때문에, 가령 유다는 달리 선택할 수 있었지만 자유의지로 인해 예수님을 배반했고, 하나님은 이를 알고 계셨을 뿐 그를 강제하지 않으셨다는 것입니다. 라이프니츠에 따르면, 유다라는 인물 안에 유다가 할 모든 행위들이 이미 전부터 내포되어 있기 때문에 유다는 예수님을 배반할 수밖에 없지만 그 순간 그의 배신은 자발적이라는 것입니다. 라이프니츠는 또한 신의 이성 속에 무수한 가능 세계들이 존재한다고 생각했는데, 그 중에서 신이 이 세계를 선택한 이유는 예지를 통해 모든 것을 내다보았을 때 이 세계가 "가능한 모든 세계 중의 최고(The Best of All Possible Worlds)"이기 때문이었으리라고 추론합니다.

그러나 이 글을 읽고 계신 여러분들은 아마도 고개를 갸웃거리며 의아해하시리라 생각합니다. 주를 배신하는 것이 유다라는 실체 속에 포함되어 있고, 유다가 예수님을 배반함에도 불구하고 이 세계가 모든 가능한 세계들 중에서 최고이기 때문에 하나님이 이 세계를 선택하셨다면, 어떻게 유다의 행위가 여전히 자유로운 것일 수 있으며 그 죄의 책임이 유다에게 있는지 말입니다. 질문이 꼬리에 꼬리를 물고 이어질 수밖에 없습니다. 물론 라이프니츠는 가능하다는 것의 의미를 특수하게 규정함으로써 이 모순되는 듯 보이는 두 가지 명제 – 즉 모든 것이 결정되어 있지만 인간은 자유롭게 행위할 수 있다 – 를 힘께 주장할 수 있었습니다. 다름 아닌 프랑스의 계몽 사상가인 볼테르는 〈〈깡디드〉〉라는 소설 속에서 팽글로스 박사라는 인물을 통해 라이프니츠의 사상을 풍자적으로 비판합니다. 소설 속에서 인간이 모든 가능 세계 가운데 최고의 세계에 살고 있다고 확신하는 팽글로스 박사는 "고난은 단지 아름다운 그림에 존재하는 그림자일 뿐"이며 "개인적인 불행은 공공의 복지를 위해 필수적"이라고 외칩니다. 라이프니츠를 패러디한 팽글로스 박사를 향해 주인공 깡디드는 이렇게 일갈합니다. "나는 결국 낙관주의를 버려야 할 것 같아. 지옥에 살아가고 있으면서 모든 일이 잘 되어 가고 있다고 말하는 것은 미친 짓이야."

그렇다면 정말 하나님이 존재하며 살아서 역사하신다고 믿는 것은 '미친 짓'일까요? 지금까지 흄의 비판과 이반의 지적 그리고 볼테르의 풍자를 통해 살펴보았듯이 이 세계가 조화롭고 아름다우며 정의로운 신의 본성을 드러낸다는 믿음은 냉소를 받기가 십상이고, 현실의 모든 모순과 불의가 장차 도래할 선을 위해 정당화된다는 믿음조차도 편리한 변명이라는 비판을 피하기 어렵습니다. 이와 같은 연유로, 계몽의 시기인 18세기가 끝나고 19세기가 시작되면서 마르크스, 포이에르바흐, 니체 등의 사상가들에 의해 기독교는 맹렬히 배척되고, 그 후 오늘날에 이르기까지 무신론적 사상들이 서양철학의 주류를 이루게 됩니다. 오늘날 직업적 철학자들에게 '신이 존재하는가'라는 물음은 당혹스러운 웃음을 자아내게 하는 곤란한 질문, 하여 섣불리 꺼내지 않는 물음이 되었습니다.

그러나 경험으로 파악된 이 모든 우주의 증거들은 어떤 것도 결정적으로 신이 존재하지 않는다는 것을 증명하지 못하고, 결국 믿음은 실존적인 결단의 차원에 머물고 있습니다. 한국에서도 베스트셀러의 반열에 오른 〈〈죽음이란 무엇인가〉〉라는 책의 저자인 셸리 케이건(Shelly Kagan)은 이렇게 묻습니다.[11] 영생이 존재한다는 결정적 증거가 없고 영생이 존재하지 않는다는 결정적 증거도 없을 때, 영생이 존재한다고 믿는 것이 합리적인가 아니면 믿지 않는 것이 합리적인가? 어떤 사람은 화석으로 발견된 일각 코끼리의 잔해를 보고 유니콘이 실제로 존재했을 것이라고 믿지만 어떤 사람들은 그러한 증거가 충분치 않다는 이유로 믿지 않습니다. 케이건에 따르면 무언가의 존재를 확실히 입증하는 증거가 없을 때, 그 존재가 참이라고 믿는 쪽이 더 큰 입증의 부담을 진다는 것입니다. 즉 이런 경우 믿지 않는 쪽이 더 합리적이라는 것이지요. 우리의 믿음이 제시된 증거의 확실

성과 비례해야 한다는 경험주의적 전통의 합리성 기준을 받아들일 때 이와 같은 결론이 매우 합리적인 판단인 것은 분명합니다. 그러나 이 결론에 선뜻 동의할 수 없는 이유는 하나님이나 영생의 존재가 유니콘이 존재하느냐 마느냐 하는 문제와는 달리 저의 삶에 크나큰 의미를 가지기 때문입니다. 그래서 저는 사유의 '도약'을 무릅쓰더라도 믿음을 붙잡는 쪽을 선택합니다.

현대 여성 신학자이자 철학자인 엘리노어 스텀프(Elenore Stump)는 악의 문제가 신이 완전하고 선하다는 일신론적 믿음의 치명적인 모순을 드러내는 것 같지만, 기독교의 믿음 체계를 깊이 들여다보면 반드시 그렇지는 않다고 주장합니다. 즉 일견 상충되어 보이는 개별적 명제들이 기독교 사상 전체를 이루고 있는 총체적인 믿음 체계 속에서 재조명될 때 정합적으로 재해석될 수 있다는 것입니다. 스텀프가 이 과정을 위해 필요하다고 여기는 기독교의 세 가지 교리는 다음과 같습니다. (1)아담이 타락했다는 것, (2)아담이 타락한 결과로 이 세계에 자연적인 악이 생겨났다는 것, 그리고 (3)인간이 죽음을 겪는 시점의 상태에 따라 사후에 천당에 가거나 지옥에 간다는 것입니다. 물론 이 세 가지 믿음이 악의 문제를 설명하는 데 쓰이기도 전에, 이 믿음들 각각에 대해서 문제를 제기하려는 사람도 많을 것입니다.

말할 것도 없이 천당론과 지옥론은 기독교 교리 중 가장 쉽게 비판을 받는 부분입니다. 솔직히 말씀드리면, 저 역시도 이 교리로 마음이 많이 힘들기도 하고, 모든 사람이 열반에 들 때까지 자신의 구원을 미루며 타인을 위해 기도하는 불가의 석가여래의 정신이 더 인간적이지 않은가 고민을 하기도 했습니다. 기독교 사상가이자 고통의 문제에 대해서 천착한 C. S. 루이스조차도 모든 인류가 천당에 갈 수 없고 어떤 영혼은 지옥에 가야 한다는 귀결을 두고 "제 마음대로 할 수만 있다면 이보다 더 없애 버리고 싶은 기독교 교리도 없습니다"라고 그 고뇌를 표현한 바 있습니다.[12] 그도 그럴 것이 많은 사람들이 신이 전능하다면 왜 모든 인간을 천당에 갈 수 있도록 창조하지 않았는가, 만약 인간이 자신이 저지른 죄에 대해 책임을 져야 한다고 하더라도 유한한 인생으로 인해 끝없는 고통을 겪어야 한다는 것은 너무 잔인하지 않은가 하고 묻기 때문입니다. 아마도 설문조사를 한다면 기독교 교리 중에서 가장 인기가 없는 부분도 바로 이 지옥에 관한 것이 아닐까 싶습니다. 그러나 신약 성경에는 지옥이 실존한다고 분명히 적혀있고, 지옥의 참혹한 모습이 묘사되기도 합니다. "형제를… 미련한 놈이라 하는 자는 지옥 불에 들어가게 되리라."(마태복음 5:22) "천사들이 와서 의인 중에서 악인을 갈라 내어 풀무 불에 던져 넣으리니 거기서 울며 이를 갊이 있으리라." (마태복음 13:49-50) "나라의 본 자손들은 바깥 어두운 데 쫓겨나 거기서 울며 이를 갈이 있으리라." (마태복음 8:12) 성경에 나오는 구절들을 통해 천국과 지옥의 비밀에 대해서 모든 것을 알 수 없을 것이고, 심판의 엄중함을 두려워하는 마음으로 자의적인 해석을 경계해야 할 것입니다. 그러나 스텀프는 이와 같은 묘사를 근거로 하나님의 사비와 사랑을 의심하는 것은 지옥의 본질을 유황불 속에서 갖가지 고통을 자행하는 "하나님의 고문실(God's torture chamber)"정도로 오해하기 때문이라고 지적합니다.[13]

스텀프는 단테(Dante Alighieri)의 〈〈신곡(Divine Comedy)〉〉과 같은 전통적인 기독교 문학에서 묘사되는 지옥의 또 다른 면모를 제시합니다. 물론 단테의 지옥 여행기에는 다양한 층위가 등장하고 더 큰 죄를 지은 죄인일수록 더 끔찍한 벌을 받게 되지만, 딱히 죄를 짓지 않았으나 세례를 받지 못한 사람이 가는 지옥, 즉 림보(limbo) 혹은 변옥을 들여다보면 지옥의 본질에 대해서 중요한 의미를 깨닫게 됩니다.[14] 왜냐하면 이 변옥의 모습은 푸른 초원에 시냇물이 흐르는 조용한 곳으로서 마치 평화로운 꿈속이자 낙원인 것처럼 묘사가 되기 때문입니다. 그럼에도 불구하고 변옥이 분명 지옥의 일부인 것은, 바로 변옥에 머무는 영혼들이 절대 하나님을 만나지 못하기 때문입니다. 즉 지옥의 핵심은 끔찍한 형벌과 고통에 앞서, 바로 하나님의 부재 즉 하나님과의 영원한 단절입니다. 이것이 바로 지옥의 끔찍함 즉 영원한 목마름의 근원입니다. 반대로 천국이 아름답고 풍요로운 곳인 이유는 금은보석이 가득한 지상낙원이어서가 아니라, 바로 하나님과 동행하며 그분과 영적인 일치를 누릴 수 있기 때문입니다. 물론 지옥에 대한 다른 해석이 있을 수도 있고, 기독교인들 중에도 스텀프의 해석을 비판적으로 바라보는 분들도 계시겠지만, 하나님과 동행할 수 없고 그 충만한 교제를 나눌 수 없는 것이 믿지 않는 자에게 내려진 형벌이라면, 지옥의 존재 자체를 하나님의 선하심과 자비하심을 부정하는 이유로 생각할 여지는 줄어드는 듯합니다.

아담이 선악과를 먹음으로써 인류가 타락했다는 믿음에 대해서도 역시 의견이 분분합니다. 일차적으로 왜 하나님은 아담이 유혹을 느낄 것을 아시면서도 선악과를 동산 가운데 두셨는지, 왜 아담의 타락이 모든 인류의 타락으로 연결될 수밖에 없는지, 왜 하나님은 인류를 당장 회복시키거나 아예 기존의 인류를 없애고 타락하지 않을 새 인류를 창조하시지 않는지 하는 질문들을 듣게 됩니다. 자유의지를 주신 것의 의미는 자발적인 사랑과 복종을 원하시는 하나님의 뜻인데, 이 자발적인 선택을 내릴 수 있는 능력으로 말미암아 우리는 '애완견'이 아닌 '사람'이 됩니다.[15] 그래서 잘못 사용할 여지가 있음에도 불구하고 우리에게 자유의지를 부여하셨고 우리가 알고 있는 것처럼 이를 통해 아담은 선악과를 먹습니다. 아담이 에덴동산에서 추방당하는 바로 이

엘리노어 스텀프
Elenore Stump

> 현대 여성 신학자 / 철학자

악의 문제는 총체적인 믿음체계속에서
정합적으로 재해석될 수 있다

> (1) 아담의 타락
> (2) 타락의 결과로 악이 생김
> (3) 사후 천당 or 지옥

*단테의 신곡에 나오는 변옥
    낙원의 모습이지만   지옥
    하나님이   않는
    단절된

*자유의지 ─→ 애완견(x) 사람(o)
*타락 후 다시 돌아오길 기다리시는 하나님
  ↳ 새 인류 창조 ─→ 자유의지를 줬다 뺐는 격

*우리의 영혼이 구속되는 것이 가장 중요

상징적인 사건의 의미는 인간 의지의 타락을 의미합니다. 그리고 타락 이후의 인간은 악을 행하는 경향을 갖게 되는 한편, 노화와 질병, 재난 등 자연적인 악에 시달리게 됩니다. 토마스 아퀴나스에 따르면,[16] 타락 이전에 인간의 지성과 의지와 욕구는 조화로운 관계를 이루고 있어서 의지는 지성이 파악한 선한 것을 선택하려는 경향이 있었지만, 타락 이후에 이 조화로운 관계가 무너지면서 인간은 욕망하지 말아야 할 것에 대한 과도한 욕망을 갖게 되고, 의지는 지성의 말을 듣지 않고 제멋대로 날뛰게 되어 죄악을 저지른다는 것입니다. 결국 타락으로 말미암아 선한 능력들 사이에 균열이 생겨나고 이와 같은 부작용이 대를 이어 후대에까지 전해진 것이 오늘날의 인류입니다. 그렇다면, 우리는 이 망가진 관계를 되돌리고 인류 본연의 모습을 되찾음으로써 소외된 창조주와의 관계를 회복하기를 갈망하는 존재입니다. 또한 이미 타락해버린 인류를 아예 멸종시키고 새 인류를 창조하여 타락한 인류를 대체하실 수도 있지만 하나님은 그렇게 하지 않으셨습니다. 오히려 이미 타락한 피조물이 잘못을 뉘우치고 자발적으로 다시 돌아오기를 참으며 기다리시기로 하셨습니다. 스텀프는 이 인내를 더 큰 사랑과 은혜의 표현이라고 말합니다.

그렇다면 타락한 인류의 회복을 바라시는 하나님이 어떤 방법을 쓰실 수 있겠습니까? 망가진 관계를 기적적으로 돌려놓으실 수도 있지만 그렇다면 자유의지를 줬다 다시 빼앗는 결과가 됩니다. 따라서 하나님은 인간이 자발적인 의지로 하나님에게 돌아오기를 바라실 것입니다. 그러나 인간이 이 망가진 관계를 바로잡고자 아무리 노력해도 이 과정은 순탄치 않습니다. 나쁜 버릇을 고쳐보려고 치열하게 노력해본 분들은 아마도 이해하실 겁니다. 알콜중독으로, 약물중독으로, 우울증으로 고통받는 사람들을 보면, 인간의 절제력이 얼마나 나약한 것인가 가슴 아프게 깨닫게 됩니다. 제 아무리 자기 절제력이 강한 사람이라도 모든 순간 나쁜 쪽으로 흘러가는 마음을, 불처럼 일어나는 욕구를 제어하여 무결한 사람이 되기는 불가능합니다. 아주 오래전부터 어긋나 버린 지성과 의지와 욕구의 관계를 어떻게 인간적인 힘으로 바로잡을 수 있겠습니까. 그렇기 때문에 우리가 스스로를 변화시키고자 하나 그 한계를 깨달을 때, 남아있는 방법은 무엇일까요? 바로 이 타락한 자아를 고쳐달라고 하나님께 요청하고 간구하는 것입니다. 하나님이 개입하여 나의 의지를 변화시켜 주기를 자발적으로 기도하는 것, 즉 나의 의지를 내 마음대로 사용하지 않고 하나님의 뜻에 일치하여 사용하기를 원하게 되는 것, 바로 이 영적 성화(spiritual sanctification)의 중요성이 기독교 교리에서 악의 문제를 이해할 수 있는 초석이 됩니다. 영적 성화의 과정 없이는 인간이 부서진 자아를, 나아가 하나님과의 소외된 관계를 회복하는 것이 요원하기 때문입니다. 그러나 안타깝게도 우리는 욕심과 아집을 쉽사리 내려놓으려 하지 않습니다. 한번 비워낸 마음도 곧 다음 순간 시끄러운 욕망과 부정적 생각들로 가득 차기 일쑤입니다. 그렇다면 교만한 자아가 하나님의 도움을 구하게 되는 때는 언제일까요? 어떤 상황에서 우리는 자기의 고집을 꺾고 본인의 의지를 자발적으로 '양도'하게 됩니까?

악한 의지를 갖게 된 우리가 겸손해지는 순간은 아마도 만사가 항상 잘 돌아가지는 않는다는 것을 깨닫게 될 때, 아무리 발버둥 쳐 노력해도 원하는 걸 갖지 못하게 될 때, 즉 우리 힘으로 어찌할 수 없는 고통을 겪게 될 때가 아닐런지요. 인간이 스스로의 사악함을 깨닫고 참회하며 더 나은 상태가 되기를 희망하는 데 고난과 역경만큼 효과적인 방법이 없다는 것이 쓰린 진실입니다. 여기에서 말하는 고통에는 우리가 능동적으로 저지르는 도덕적 악은 물론이고, 질병이나 자연재해 등으로 우리가 수동적으로 겪는 자연적 악에 의한 고통까지 포함됩니다. 물론 모든 고통이 인간을 도덕적으로 더 성숙하게 만든다는 보장은 없고 어떤 고통은 우리를 더 찌그러뜨리는 것 같습니다. 그럼에도 불구하고 우리가 어려움을 겪을 때 절대자의 도움을 간구하게 되는 것만은 사실인 것 같습니다. 그렇다면 우리는 자유로운 의지를 가진 인간이고, 이 의지가 어느 순간 타락했으며, 언젠가 우리의 삶의 내용에 대한 심판이 있으리라는 점을 받아들일 때, 하나님이 우리의 영적 성화를 위해 고통을 허락하실 수 있다는 것은 하나님의 자비나 공의와 배치되지 않습니다. 왜냐하면 고난을 겪어서라도 우리의 영혼이 구속되는 것이 너무나도 중요한 문제이기 때문입니다. 억울하게 고통받고 죽임을 당하는 사람도 있겠지만, 또한 기독교 교리 내에서 죽음이 이 모든 것의 완전한 끝이 아니라는 것도 이 설명을 함께 뒷받침할 수 있습니다.

글을 마치며

지금까지 우리는 하나님이 이 세상에 악을 허락하시고 인간에게 그로 인한 고통을 겪게 한다는 점이 하나님의 선하심과 논리적으로 배치되지 않음을 보여주는 한 가지 철학적 논증을 살펴보았습니다. 물론 이 이야기는 자유의지를 인정하는 기독교의 종파에만 해당되지만, 적어도 기독교 외부로부터 논리적 모순으로 혹은 도덕적 야만으로 지적되는 믿음들이 기독교의 다른 교리들과 함께 고려됐을 때 어떻게 정합적인 모습을 띨 수 있는가 그 가능성을 소개하는 것이 이 글의 목표였습니다. 그러나 어떤 세련된 견해나 정교한 이론도 악의 문제를 완벽하게 설명해낼 수는 없을 것입니다. 또한 이런 추상적 설명은 삶의 적나라한 고통에 몸무림치고 있는 사람들에게는 아무 위로가 될 수 없을지도 모릅니다. 그럼에도 불구하고 삶이 우리를 속인다고 느낄 때,

우리는 왜 이런 일이 일어나는가를 끊임없이 질문할 수밖에 없습니다.

구약성경에 나오는 욥의 이야기는 어쩌면 인간이 겪는 고통은 어떻게도 설명될 수 없음을 보여줍니다. 욥은 아무 잘못도 없었지만 하나님은 사탄에게 욥을 시험하는 것을 허락하십니다. 욥은 자식과 아내를 모조리 잃고 재산과 지위, 명예도 잃고 심지어 지독한 병에 걸려, 살아도 죽는 것만 못한 처지가 됩니다. 그럼에도 불구하고 욥은 하나님을 원망하지 않았다고 적혀있습니다. 이 나락 끝에서 욥은 하나님께 자신의 무고함을 증명해 달라고 울며 간청하지만, 놀랍게도 하나님은 이 엄청난 고통을 겪게 하신 후에 어떠한 설명도 해주지 않으십니다. 오히려 "내가 땅의 기초를 놓을 때에 네가 어디 있었느냐 네가 깨달아 알았거든 말할지니라 (욥기 38:4)… 네가 내 심판을 폐하려느냐 스스로 의롭다 하려 하여 나를 불의하다 하느냐(욥기 40:8)" 물으십니다. 욥기 38장부터 41장까지 몇 장에 걸친 하나님의 긴 질문 세례가 끝났을 때 욥은 이렇게 대답합니다. "내가 주께 대하여 귀로 듣기만 하였삽더니 이제는 눈으로 주를 뵈옵나이다. 그러므로 내가 스스로 한하고 티끌과 재 가운데서 회개하나이다."(욥기 42:5-6) 너무 억울할 것 같은데 회개라니, 욥의 대답은 논리적으로는 쉽게 설명이 안 되는 구절입니다. 그러나 이 대답은 부조리한 세상에 던져진 인간이 유한함과 불완전한 존재로서 절대선이신 하나님 앞에 서서 할 수 있는 유일한 고백입니다. 우리는 옳고 그름이 명확하고 인과응보가 분명한 세상을 원하지만, 삶은 역설적이게도 우리에게 언제나 명확한 설명이나 대답을 주지는 않습니다. 그럼에도 불구하고, 답을 모른 재 살아가면서도 소망을 잃지 않는 것이 어쩌면 믿음의 본질인지도 모르겠습니다.[17]

마지막으로, 우리 삶에 일어나는 모든 일들을 통해 우리가 하나님께 가까이 나아가게 하기 위해서 하나님이 고통을 허락하실 수 있음을 받아들인다 할지라도, 우리가 타인의 고통을 대할 때 어떤 자세를 가져야 할지 생각해 보면서 이 글을 마무리하고자 합니다. 다시 도스토예프스키의 소설로 돌아가서 어린아이들의 무고한 고통(innocent suffering)을 우리는 어떻게 받아들여야 합니까? 아이의 고통이 가져올지 모르는 어떤 영적인 열매에도 불구하고 이 고통이 끔찍하다는 점에는 한치의 변함도 없습니다. 스텀프의 표현대로, 악의 문제를 해결하려는 노력은 어린아이들의 고통을 이해하는 데 어떤 설명을 제공할 수는 있지만, 그 설명은 어디까지나 설명일 뿐 아이의 고통을 바라보는 우리의 불편함과 연민을 덜어내서는 안 됩니다. 그렇지 않으면 그 설명은 "괴이하고 비인간적인" 자기 정당화로 빠지기 십상이기 때문입니다.[18] 고통당하는 욥에게 찾아간 욥의 세 친구들을 생각해보십시오. 친구들은 심지어 하나님의 정의로움을 옹호하기 위해 '네가 죄를 지었으니까 벌을 받는 거지'라며 욥을 몰아치지만, 정작 하나님은 이 세 친구들에게 노하시며 그들의 말이 옳지 않다고 하십니다. 우리는 너무 자주 욥의 친구들처럼 행동하지는 않습니까?

타인의 고통을 대할 때 어떤 자세를 가져야 할까를 생각해보면서 함께 나누고 싶은 두 가지 구절이 있습니다. 흥미롭게도 두 인용문의 저자는 모두 기독교 교리 정립에 크게 기여한 기독교 변증가들입니다. 우선 삼위일체라는 용어를 도입한 것으로 유명한 약 2세기의 초기 교부인 카르타고의 터툴리안(Tertullien 또는 Tertullianus)은 이렇게 말한 것으로도 알려져 있습니다. "역병, 기근, 전쟁 및 대지진 같은 징벌은 인구 과잉 상태의 나라들에게 인류의 사치스러운 성장을 제거하는 역할을 하기 때문에 축복으로 여겨진다." 물론 하나님은 전쟁과 가난과 기근을 하나님의 뜻을 이루기 위해 도구로 쓰실 수도 있습니다. 그러나 오늘날 이와 같은 논리를 앞세워, 많은 미국의 근본주의 기독교인들이 인종차별을 정당화하고 재난을 당한 나라에 대한 경제 원조나 가난한 이민자의 국내 유입을 반대하며 타인의 고통을 연장하고 있습니다. 타인의 고통이 어떤 연유에서건 – 인종이나 나라 심지어 도덕적 타락까지도 – 받아 마땅한 것이라고 우리가 섣불리 결론지을 때 우리는 너무 쉽게 자만의 함정에 빠지고 맙니다. 이런 함정으로부터 우리를 지키기 위해 제가 매우 좋아하는 두 번째 인용을 나눌까 합니다. 역시나 초대 교부를 지낸 앰브로스(Ambrose 또는 Ambrosius)의 말입니다. "네가 가지고 나누지 않는 빵은 가난한 자들의 것이며, 네가 쌓아둔 의복은 헐벗은 자의 것이며, 네가 땅 속에 깊이 묻어둔 돈은 가난한 자들의 구원이자 자유다."[19] 나시 말해 우리가 누리는 어떤 것도 – 물질적 풍요와 정치적 안전 심지어는 자유까지도 – 받아 마땅한 것일 수 없습니다. 우리가 누리는 모든 것을 은총으로 감사히 받되, 결핍된 자와 핍박받는 자 그리고 구속된 자의 고통을 당연히 여기는 것은 아닌가 생각해보기를 원합니다. 아무리 고귀한 뜻을 이루기 위해서라도 무고한 어린아이의 희생을 댓가로 치러야 한다면 그 값이 너무 비싸다고 누군가 울부짖을 때, 우리의 임무는 그 아이를 지켜주고 그 눈의 눈물을 닦아주는 것이 아닐는지요. 낮은 곳으로 임하신 그리스도를 본받아!

1) 이 글의 초고를 읽고 논평을 보내주신 뉴욕 롱아일랜드 나눔의 교회의 석태준 목사님과, 필라델피아 흑인빈민가에서 사역하시는 이태후 목사님께 깊은 감사를 전합니다.

2) 이 글에서 성경 구절은 대한성서공회가 발행한 한글판 개역 성경전서 (1989년 11월 10일 146판)를 사용하였습니다. 아가페 출판사, 1990.

3) 데이비드 흄, 〈〈자연 종교에 관한 대화들(Dialogues Concerning Natural Religion)〉〉, Hackett, 1998. 10장, 63쪽.

4) 이하 초기 기독교 교부들의 이름은 영어식 표기와 라틴어식 표기가 다를 경우 두 가지를 함께 적도록 하겠습니다.

5) 르네 데카르트, 〈〈성찰〉〉, 이현복 역, 문예출판사, 1997. 이 책은 모두 여섯 개의 그리 길지 않은 성찰로 이루어져 있는데 이 중에서 신존재 증명은 제 3 성찰의 주된 주제입니다.

6) 릭 워렌, 〈〈목적이 이끄는 삶〉〉, 고성삼 역, 디모데, 2003.

7) 데이비드 흄, 같은 책, 10장, 59쪽.

8) 도스토예프스키, 〈〈대 심문관(The Grand Inquisitor)〉〉, 〈〈카라마조프가의 형제들〉〉 중에서, Hackett, 1993, 13쪽, 저자의 번역.

9) 같은 책, 16쪽.

10) 어거스틴, 〈〈고백록(Confessions)〉〉, Henry Chadwick 역, Oxford University Press, 2008.

11) 셸리 케이건, 〈〈죽음이란 무엇인가〉〉, 박세연 역, 엘도라도, 2012. 영혼의 존재와 영생에 관한 논의에 대해서는 첫 세 장을 참고.

12) C. S. 루이스, 〈〈고통의 문제〉〉, 홍성사, 이종태 역, 200쪽.

13) 엘리노어 스텀프, "악의 문제(The Problem of Evil)", Faith and Philosophy, Vol.II, No.4, October, 1985: 392-423, 400쪽.

14) 변옥(Limbo)은 연옥(Purgatory)과는 다른 곳으로 지옥의 일부입니다. 연옥이 존재하느냐 존재하지 않느냐에 관한 문제는 이 글에서는 논하지 않도록 하겠습니다.

15) 리처드 스윈번, 〈〈신의 존재(The Existence of God)〉〉, Clarendon, 1979. 200-24쪽

16) 토마스 아퀴나스, 〈〈신학대전〉〉, I-II. 문제82. 항목 1-5, 171-183쪽. [스텀프의 각주를 재인용], 한국어로 된 참고서적으로는 양명수, 〈〈토마스 아퀴나스 〈〈신학대전〉〉 읽기〉〉, 세창미디어, 2014.

17) 스탠리 하우어워즈, 〈〈한나의 아이〉〉, 홍종락 역, IVP, 2016.

18) 엘리노어 스텀프, 같은 글, 410쪽, 저자의 번역.

19) 아퀴나스, 〈〈신학대전〉〉 II-II, 문제 66, 항목 7번. 177쪽

[참고도서]

〈국내도서〉

C. S. 루이스, 〈〈고통의 문제(The Problem of Pain)〉〉, 이종태 역, 홍성사, 2002.

르네 데카르트, 〈〈성찰(Meditations on First Philosophy)〉〉, 이현복 역, 문예출판사, 1997.

릭 워렌, 〈〈목석이 이끄는 삶(Purpose Driven Life)〉〉, 고성삼 역, 디모데, 2003.

셸리 케이건, 〈〈죽음이란 무엇인가(Death)〉〉, 박세연 역, 엘도라도, 2012.

스탠리 하우어워즈, 〈〈한나의 아이 (Hannah's Child)〉〉, 홍종락 역, IVP, 2016.

양명수, 〈〈토마스 아퀴나스 〈〈신학대전〉〉 읽기〉, 세창미디어, 2014.

이태후, "조지 플로이드 사건이 드러낸 미국의 원죄 '인종차별'", 〈〈뉴스앤조이〉〉, 2020년 6월9일자, www.newsnjoy.co.kr.

〈해외도서〉

Augustine, 〈〈고백록(Confessions)〉〉, Henry Chadwick 역, Oxford University Press, 2008.

Aquinas, 〈〈신학대전(Summa Theologica)〉〉, 〈〈아퀴나스 정치적 저서 모음(Aquinas, Selected Political Writings)〉〉 중에서, A.P. d'Entreves 편, J.G. Dawson 역, Oxford University Press, 1948.

-------, 〈〈신학대전(Summa Theologica)〉〉, 〈〈아퀴나스 철학적 저서 모음(Aquinas, Selected Philosophical Writings)〉〉 중에서, Timothy McDermott 편역, Oxford University Press, 2008.

David Hume, 〈〈자연 종교에 관한 대화들(Dialogues Concerning Natural Religion)〉〉, Hackett, 1998.

Dostoevsky, 〈〈대심문관(The Grand Inquisitor)〉〉, 〈〈카라마조프가의 형제들〉〉 중에서, Hackett, 1993.

Eleonore Stump, "악의 문제(The Problem of Evil)", Faith and Philosophy, Vol.II, No.4, October, 1985: 392-423.

Louise Antony, "아무 이유 없이-악의 문제에 대한 고찰(No Good Reason-Exploring the Problem of Evil)", The Norton Introduction to Philosophy, Norton, 2018.

Richard Swinburn, 〈〈신의 존재(The Existence of God)〉〉, Clarendon, 1979.

Wallace Matson, 〈〈새 철학사(A New History of Philosophy) 2권〉〉, Harcourt Brace, 2000.

Walter Kaufmann, 〈〈실존주의, 종교 그리고 죽음(Existentialism, Religion and Death: Thirteen Essays)〉〉, Meridian, 1976.

Michael Hickson, "악의 문제에 대한 간추린 역사(A Brief History of Problems of Evil)", The Blackwell Companion to the Problem of Evil, Wiley-Blackwell, 2014.

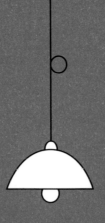

성경에는 말씀과 언어에 대한 이야기가 많이 나옵니다. 그런데 우리는 말씀은 귀하게 여겨야 한다고 생각하면서 평소에 사용하는 말과 대화에 대해 깊게 생각하지 않습니다. 하나님의 말씀과 대화가 전혀 다른 것이라고 생각하기 때문입니다. 이 글에서는 언어와 대화를 커뮤니케이션 이론과 뇌과학을 통해 설명합니다. 평소에 내가 했던 말들과 대화를 돌아보고 묵상하면서 읽어보시면 좋을 것 같습니다

2교시 커뮤니케이션

언어와 대화는 하나님의 선물입니다

윤신애

건국대학교

하나님과 말씀 그리고 사람

성경에 따르면 하나님은 세상을 "말씀"으로 창조하셨습니다. 창세기 1장은 하나님께서 세상을 창조하시는 내용이 담겨있습니다. 요한복음 1장은 "말씀"과 "하나님"과의 관계, 그리고 세상의 창조에 대해 더욱 상세히 표현되어 있습니다.

> "태초에 말씀이 계시니라 이 말씀이 하나님과 함께 계셨으니 이 말씀은 곧 하나님이시니라 그가 태초에 하나님과 함께 계셨고 만물이 그로 말미암아 지은 바 되었으니 지은 것이 하나도 그가 없이는 된 것이 없느니라 그 안에 생명이 있었으니 이 생명은 사람들의 빛이라."(요한복음 1:1~4)

하나님이 곧 말씀이며, 생명이며, 사람들의 빛이라는 이 성경구절은 "말씀이 모든 것"이라는 것을 의미하는 것 같습니다. 그리고 하나님께서는 "자기 형상 곧 하나님의 형상대로"(창 1:27) 사람을 "직접" 흙으로 빚어 만드시고 "생기"를 코에 불어넣으시는 수고를 더하셨습니다(창 2:7). 그렇게 특별히 만드신 존재이자 하나님의 형상을 닮은 존재인 사람. 그래서 사람은 "말씀", 즉 "언어"를 가지고 태어나는 게 아닐까 합니다. 여기서는 사람만이 가지고 있는 "말하는 능력", 언어와 대화에 대해 이야기하고자 합니다.

사람은 다른 동물들과 달리 "말을 할 수 있는 특별한 발성 기관"을 가지고 있습니다. 모든 포유동물은 사람과 비슷한 발성 기관을 가지고 있지만 사람처럼 다양한 "소리"를 낼 수는 없습니다. 소리를 낼 수 있는 후두 내부에 위치한 "성대"의 위치가 다르기 때문입니다. 사람의 후두는 다른 포유동물의 후두보다 더 아래쪽에 있습니다. 이 후두의 위치는 소리의 "공명"을 위한 충분한 공간을 확보하게 해 줌으로써 다양한 소리를 낼 수 있게 해 줍니다. 또한 성대와 혀사이의 공간이 훨씬 넓어서 성대에서 나오는 소리를 다양하게 변형할 수 있도록 해줍니다. 해부학적으로도 사람은 "말을 할 수 있는 존재"로 태어나는 것입니다.

아이를 가진 부모라면 누구나 아이가 처음 자신을 보며 "엄마", "아빠"라고 불렀던 감격스러운 순간을 잊지 못합니다. 아이는 태어난 지 6개월 이후부터 옹알이를 시작하여 "엄마"나 "아빠"라는 첫 단어를 말하는 순간을 지나 말을 하게 됩니다. 언어 발달 단계에 따르면 아이들은 대략 5~6살 정도가 되면 누가 가르쳐주지 않아도 어른과 무리 없이 대화할 수 있습니다. 사람들은 어떻게 말을 하는 법을 배우게 되는 걸까요?

이 질문에 대한 답을 하려는 사람들은 오래전부터 있었습니다. 기원전 610년 경 이집트 왕 사메티쿠스

사람 ——→ '말'을 한다

특별한 발성기관이 있다

성대가 다른 동물보다 아래 쪽
——→ 공명

성대와 혀 사이의 공간이 넓음
——→ 다양한 소리를 냄

*행동주의 학파 (파블로프...)

모방과 학습으로 말을 할 수 있다

↑
계속 논쟁중
↓

*생득주의 학파 (촘스키...)

인간에겐 언어습득 장치가 있다

인간만이

(Psammetichus) 1세가 갓 태어난 어린아이를 먹을 것만 주며 사람들과 격리시킨 채 최초로 말을 하는 시기와 그 언어를 관찰하여 인류 최초로 언어가 무엇이었는가를 알아내려고 했다는 기록이 헤로도토스(Herodotus)에 의해 전해 지고 있는 것을 보면, 인간의 말하는 능력은 인간에게도 신비스러운 능력이자 인간에 대한 가장 큰 궁금증 중 하나였던 것 같습니다.

사람이 말할 수 있는 능력에 대한 설명으로 크게 행동주의 학파와 생득주의 학파가 있습니다. 이반 파블로프(Ivan Pavlov)로 대표되는 행동주의 학파는 말 그대로 사람의 모든 심리는 "행동"으로 설명 가능한 것이라고 주장하며 사람의 언어 능력도 주위의 말하는 사람의 행동을 모방하면서 "학습"하는 것이라고 설명합니다. 예를 들면 아이가 목이 말라서 물을 마시고 싶어서 "ㅁ...무..무...ㄹ"이라고 우연히 뱉었을 뿐인데 엄마가 "물? 물 줄까?"라면서 물을 갖다 주면 그때부터 아이는 "물"이라는 의미를 이해하기 시작하고, "물"이라는 단어를 배우게 된다는 것입니다. 즉, 어떤 자극에 대해 이루어지는 보상과 처벌이 학습을 가능하게 해 준다는 것입니다.

이와 달리 노엄 촘스키(Noam Chomsky)로 대표되는 생득주의 학파는 아동들의 언어 습득 과정을 행동주의의 논리로 설명할 수 없다고 반박합니다. "언어는 유일하게 인간만이 가지고 있는 능력이며, 주위의 환경으로부터 일정 기간 이상 언어를 듣는다면 누구나 그 언어를 자유자재로 구사할 수 있다"고 말하며 인간에게는 언어를 "습득"할 수 있는 "언어습득장치"기 내재되어 있다고 주장했습니다. 두 가지 이론이 오랜 시간을 걸쳐 계속 논쟁을 계속해 오고 있지만 "언어"가 인간만이 가지고 있는 고유한 능력이라는 사실만은 어느 누구도 반박할 수 없습니다.

말을 할 수 없는 사람들

그렇다면 사람은 정말 "누구나" 말을 할 수 있을까요? 우리가 당연하게 여기는 것들이 어떤 이들에게는 그렇지 않은 것처럼, 말하는 능력도 누구에게나 주어진 것은 아닙니다. 일반적으로 장애가 있는 사람들은 말을 할 수 없습니다. 기본적으로는 청각장애가 있을 수 있겠죠. 들을 수 없다면 말할 수 없기 때문입니다. 그렇다면 들을 수 있는 데도 말하는 능력을 가지지 못하는 사람도 있을까요?

말하는 능력을 잃어버린 질병을 "실어증"이라고 합니다. 실어증은 그 원인을 여러 가지로 찾아볼 수 있지만 사람의 뇌에서 문제가 일어나는 경우가 대부분입니다. 그 중에서 대표적인 예로 브로카 실어증과 베르니케 실어증이 있습니다. 브로카 실어증은 신경외과 의사 폴 브로카(Paul Broca)의 환자로 인해 발견된 실어증입니다. 그의 환자 중 듣는 말은 다 이해하는데 자신이 할 수 있는 말이 "Tan"밖에 없어서 일명 Tan이라고 불리는 사람이 있었습니다. 그 환자가 사망한 뒤 실시한 부검에서 좌측 전두엽 부분에 손상이 발견됐습니다. 이를 통해 뇌의 그 부분이 "말을 하는 능력"과 관계가 있다는 것을 알게 되었으며, 그 환자와 같은 이유로 말을 할 수 없는 실어증을 처음 이를 발견한 의사의 이름을 따서 "브로카 실어증"이라고 부릅니다. 반면 베르니케 실어증은 얼핏 들었을 때는 말을 유창하게 하는 것처럼 보이지만 다른 사람의 말을 이해할 수 없어 딴소리를 하는 실어증입니다. 이 증상을 가진 환자의 부검에서 좌뇌의 측두엽 위쪽 손상이 발견됩니다. 이 영역이 손상된 사람들은 외부로부터 들어오는 청각적 언어를 이해하는 기능이 손상되었음을 알게 된 것입니다. 베르니케 실어증도 브로카 실어증과 마찬가지로 해당 뇌 손상 영역을 발견한 칼 베르니케(Carl Wernicke)의 이름을 따서 지어졌습니다. 주된 언어 기능을 맡고 있는 뇌의 영역들이 망가지면 사람들은 말을 할 수가 없게 됩니다. 이 외에도 뇌 속의 미세한 혈관이 막히거나 터져서 혈액순환이 잘 이루어지지 않으면 말을 할 수 없게 되는 일들도 일어나게 됩니다. 우리 인간이 얼마나 세밀하고 정교하게 만들어졌는지 잘 알 수 있는 부분이기도 합니다.

뇌 손상이나 청각장애와 같은 문제가 없는 사람들이라 할지라도 모두가 말을 할 수 있는 것은 아닙니다. 사실 사람의 "말하는 능력"은 환경의 영향을 굉장히 많이 받습니다. 혹시 "늑대소년"이라는 한국 영화를 기억하시나요? 산 속에서 사람들과 교류 없이 혼자 살았던 늑대소년이 이사 온 가족들을 만나서 사람의 정과 사랑을 느끼게 된다는 내용의 꽤나 인기가 많았던 영화입니다. 그 영화에서 주인공 소녀가 늑대소년에게 계속 한글을 가르치는 장면이 나옵니다. 늑대소년은 계속 말을 하지 못하다가 영화 마지막쯤에서야 주인공 소녀에게 "가지 마..."라고 말하는 감동적이지만 슬픈 장면이 기억납니다. 늑대소년과 같은 소재는 영화나 애니메이션에 자주 등장하는 이야기입니다. 처음 로마를 세운 로물루스와 레무스 형제도 늑대의 젖으로 자라났다는 건국 설화가 있기도 합니다. 이렇게 영화나 애니메이션에 자주 나오는 이야기가 실제 있었던 일이라면 어떨까요?

의외로 늑대소년과 같은 실제 사례가 많습니다. 1920년에 인도 뱅골 지방의 산 속 늑대 굴에서 카말라와 아말라 자매가 발견됐습니다. 이 자매는 옷을 입지 않고 짐승처럼 네 발로 기어 다니며 말을 전혀 하지 못했었다고 합니다. 19세기 초에는 프랑스 "아베롱"이라는 마을에서 11살로 추정되는 남자아이 '빅토르'가 야생 상태로 발견되기도 했습니다. 이 두 개의 사례 외에도 야생에서 버려져 사람들과 전혀 교류하지 못했던 야생의 소년, 소녀들이 발견되는 사례는 많이 있었고, 그때마다 여러 사람들이 도움을 자청하여 인간 사회에서 살아갈 수 있도록 여러 가지 교육을 실시했습니다. 물론 그 중 "말하는 법"을 가르치는 것도 포함되어 있었습니다. 카말라와 아말라, 빅토르라는 이 야생의 아이들은 교육을 잘 받으며 인간 사회에 잘 적응했을까요? 처음에는 늑대나 다른 야생동물과 다름없이 생활하던 이 아이들은 몇 년 간의 교육을 통해서 서서히 인간 사회의 규칙에 적응해갔습니다. 그러나 긴 시간의 교육에도 완전히 배울 수 없는 부분이 있었습니다. 그것은 바로 "언어"였습니다. 이들은 몇 단어나 몇 문장밖에 말하지 못하여 단순히 "소리"를 내는 것으로 자신의 의사를 표현했습니다. 빅토르는 30년 동안의 교육에도 불구하고 몇 문장만 할 수 있었고 언어를 이해하고 읽을 수 있는 수준 이상으로 발전하지 않았다고 합니다. 야생에서 살아온 이 아이들은 "말하는 법"만큼은 아무리 긴 시간 노력해도 배울 수 없었던 것입니다.

1970년 캘리포니아에서 생후 20개월부터 13살이 될 때까지 타인과의 교류가 완전히 차단된 상태로 최소한의 음식만 먹으면서 집 안에서 감금되다시피 했던 지니라는 아이가 발견되는 일이 발생합니다. 일명 "지니 사건"이라고 불리는 이 아동학대 사건은 "위험한 세상으로부터 딸을 보호하겠다"는 아빠의 정신착란으로 벌어진 일이며 아빠는 지니와 의사소통을 전혀 하지 않은 채 지냈다고 합니다. 야생의 삶이 아닌 곳에서 타인과 단절된 삶을 살아갔던 지니는 구조된 뒤 야생의 아이들과 마찬가지로 다양한 교육을 받으며 자라게 되는데, 지니 역시 7년 동안의 언어 교육에도 불구하고 다른 사람의 말을 잘 알아듣지 못할뿐더러 본인도 세 단어 이상의 문장을 만들어 내지 못했습니다.

이런 일련의 사건들을 보며 아동 언어 발달을 연구하는 사람들은 "말하는 법을 알아서 배우게 되는 특정한 시기가 있다"는 가설을 세우게 됩니다. 이것이 바로 "결정적 시기" 가설입니다. 대략 생후 2개월부터 사춘기 이전까지로 알려진 이 결정적 시기는 뇌과학이 발달하면서 여러 면에서 사실로 관찰되고 있습니다. 선천성 시각 장애인은 태어나면서부터 눈으로 들어오는 시각 정보를 받아들일 수 없기 때문에 다른 사람들과 달리 시각 정보를 처리하는 뇌의 영역은 다른 일을 하게 됩니다. 이렇게 말하는 능력을 포함하여 사람의 5가지 기본적인 감각은 각기 시기가 다르긴 하지만 그 시기에 적정량의 정보나 입력이 없다면 그 능력을 자연스럽게 사용하는 것이 끝까지 어려운 일이 되어버립니다.

그런데 사람의 감각 기관과 달리 언어 발달에는 좀 특별한 요소가 있습니다. "말하는 능력"이 자연스럽게 나타나기 위해서는 반드시 필요한 과정이 있다는 것입니다. 그것은 바로 "타인과의 대화"입니다. 언어 능력이 발달하기 위해서는 결정적 시기에 많은 양의 언어에 노출되어야 할 뿐 아니라 다른 사람과 끊임없이 소통을 해야 합니다.

청각장애인 부모에게서 태어난 정상 청각의 아이들인 짐 형제의 사례가 이를 증명해 줍니다. 청각장애인 부모는 이 아이들에게 TV에서 나오는 언어를 듣게 해 줌으로써 언어 발달을 할 수 있도록 해주었습니다. TV에서 나오는 말들이 평소 주위에서 들리는 말들처럼 아이들이 말을 할 수 있게 하는 재료가 되지 않을까 생각했던 것입니다. 그러나 TV에서 나오는 말은 그다지 효과적인 말하는 법 배우기가 아니었습니다. 아이들이 유치원에 다닐 나이가 되어 실시한 언어 검사 결과 아이들의 말하기 능력은 동일한 나이 아이들의 3분의 1 정도에 그치는 것으로 나타났습니다. TV에서 나오는 "말"과 아이와 실제로 소통하는 "말"은 어떤 차이가 있었을까요?

요즘엔 소통이라는 말로 표현되는 주고받는 대화, 바로 이 대화의 "상호 작용"이 아이들이 말을 배우게 하는 핵심 요소입니다. 아무리 많은 언어를 듣게 해 줘도 대화가 없다면 아이들은 말을 배우기도 어렵고 언어 인지 능력을 기르기도 힘듭니다. 주고 받는 대화가 얼마나 중요한지를 다시 한번 깨닫게 됩니다.

하나님이 주신 대화

이렇듯 대화는 사람에게 굉장히 중요합니다. 그렇다면 인간 최초의 대화는 무엇이었을까요? 아마도 하나님과 아담의 대화가 아니었을까 생각합니다.

여호와 하나님이 흙으로 각종 들짐승과 공중의 각종 새를 지으시고 아담이 어떻게 이름을 짓나 보시려고 그것들을 그에게로 이끌어 이르시니 아담이 각 생물을 일컫는 바가 곧 그 이름이라 (창 2:19)

천지를 창조하시고 인간을 만드신 후 에덴동산에서 아담에게 당신이 만드신 모든 만물의 이름을 짓게 하셨습니다. 아담이 모든 만물의 이름을 정할 때 하나님과 "대화"하면서 만물의 이름을 지었을 것 같지 않습니까? "하나님, 이 동물은 사슴으로 하면 어떨까요? 저 날아다니는 것은 '참새'라고 부르는 게 좋을 것 같아요." 이런 종류의 대화 말입니다. 마치 어린아이의 옹알거림과 재잘거림을 받아주며 행복해하는 부모님의 마음처럼 하나님은 그러한 아담을 보시며 흐뭇해하지 않으셨을까 상상해 봅니다.

천지의 창조도, 최초의 인간인 아담의 최초의 대화도 하나님으로부터 나왔으니 언어와 대화는 하나님으로부터 온 축복이자 선물이라는 생각이 듭니다. 유일하게 인간만이 자신의 경험, 감정, 느낌 등을 "소리"만이 아닌 "말"로 표현할 수 있다는 것은 참 놀랍고 감사한 일입니다. 그런 축복이자 하나님의 선물인 말과 대화. 우리는 얼마나 그것을 귀하고 아름답게 사용하고 있을까요? 하나님께서는 왜 인간에게 대화할 수 있는 능력을 주셨을까요?

우선 "대화"가 무엇인지 그 개념부터 알아보겠습니다. 위키피디아에는 둘 이상의 실체 사이의 상호적인 언어소통이라고 되어있는데 "언어"와 "대화"에 대한 개념을 처음 정립한 사람은 스위스의 언어학자 페르디낭 드 소쉬르(Ferdinand de Saussure)였습니다. 소쉬르가 대학에서 했던 강의를 제자들이 정리하여 1916년에 출판한 〈〈일반언어학 강의〉〉라는 책에서 그는 2명의 사람이 머리를 맞대고 메시지를 교환하는 도식으로 언어 상호작용을 묘사했습니다. 하나의 메시지가 한 사람에게서 다른 사람에게로 특정 경로를 따라 전송된다는 것으로 대화를 설명했습니다. 여기서 "메시지"란 한 사람이 다른 사람에게 전달하고 싶은 "생각"이나 "개념"이고 이것을 "언어"를 통해서 다른 사람에게 전송한다는 개념입니다. 예를 들어 제가 여러분에게 "대화"에 대해 설명하고 있는데, 그것을 이해시키기 위해서 지금 글을 쓰고 있고, 그 글을 읽고 있는 여러분이 제가 생각하고 있는 "대화"의 개념을 제대로 전달받는다면 그것이 바로 소쉬르가 이야기하는 "대화"라고 볼 수 있는 것입니다.

「대화」?

메세지
(생각, 개념)

 (언어를 통해) 전달 ⟶

「일반언어학 강의」 소쉬르 1916

↳ 정말 그것 뿐인가?

"화용론"
단어나 문장은 말하는 사람, 듣는 사람,
시간, 장소, 특정한 맥락 속에서 사용된다

"말해지는 것과 의미하는 것은

다를 수 있다."

그러나 일상생활의 대화를 살펴보면 우리가 단지 자신의 "생각"이나 "개념"을 전달하거나 정보를 전달하는 목적으로 대화를 하는 것 같지는 않습니다. 오히려 그런 목적을 가지고 대화를 하는 경우는 거의 없습니다. 그래서 소쉬르가 제안한 "언어"와 "대화"라고 하는 개념 외에 다른 각도로 대화를 관찰하고 연구하는 많은 학문이 생겼습니다. 이 학문을 "언어학"이라고 부르며 언어를 구성하고 있는 소리, 단어, 문장 그리고 단어나 문장의 의미, 문장과 문장의 집합체인 문단이나 글이라고 불리는 텍스트나 오가는 대화의 말뭉치, 혹은 담화를 대상으로 연구하는 언어학 하위분야들이 있습니다. 이런 여러 언어학 하위분야 중 우리가 지금 말하고 있는 "대화"에 대한 학문적 연구 분야는 "화용론"이라고 합니다. "화용론"에서는 문자적 의미를 연구하는 것에 그치는 것이 아니라 문자를 사용하는 상황 즉, 언어의 주변을 고려하면서 언어의 의미를 이해하는 연구를 주로 합니다.

"화용론"은 우리가 가지고 있는 언어에 대한 지식보다는 실제적인 "언어 사용"에 중점을 두면서 언어를 연구하는 학문입니다. 사실 우리는 대화할 때 순수하게 언어적 의미만으로 대화하지는 않습니다. 단어나 문장, 글을 쓸 때 그리고 대화가 일어나는 그 순간에 말하는 사람, 듣는 사람, 시간이나 장소 등 그 텍스트나 대화가 발생하는 특정한 맥락(context) 속에서 언어를 사용하기 때문입니다. 언어를 사용할 때의 과정이 언어 사용과 이해에 중요하다 생각하고 대화가 일어나는 모든 주변 상황을 고려하여 언어 현상을 연구하는 학문이 바로 화용론입니다.

제가 화용론에 대해서 설명할 때 자주 예로 드는 엄마와 아들 사이의 대화를 살펴보면 이해가 좀 더 빠를 것 같습니다.

아들: 이번에 휴대폰 회사에서 보상 판매를 실시한다던데… 사실 내 핸드폰이 좀 구식이라서 말인데요…엄마….저기요…

엄마: 다음 주에 영어 시험 있다고 하지 않았니?

아들: 철수는 자기 엄마가 이번 주에 휴대폰 최신형으로 사주셨다고 자랑하던데요…

엄마: 철수 어머니가 철수가 전국 영어 말하기 대회에서 은상 탔다고 자랑하시더라…

아들: 나도 철수처럼 미국 어학연수 보내줘 봐요. 나도 금상 탈 자신 있어요. 그리고 공부만 잘하면 뭐해요. 내가 더 친구들한테 인기 많아요.

보통의 자녀가 엄마와 자주 하고 있는 대화가 아닐까 하는 생각이 듭니다만, 어쨌든 이 대화의 내용을 살펴보면 정보 전달을 목적으로 하는 대화가 아니라는 것만은 확실합니다. 아들은 엄마에게 "휴대폰 회사에서 보상 판매를 한다"는 정보와 "자신의 핸드폰이 구식"이라는 정보를 전달하기 위해서 엄마에게 이런 이야기를 하지는 않았을 것이기 때문입니다. 엄마도 아들이 다음 주에 영어 시험이 있다는 것을 모르기 때문에 그것을 알려주거나 자신이 가지고 있는 정보를 확인하기 위해 아들에게 그런 질문을 하지는 않았을 것이라는 것도 알 수 있습니다. 서로 다른 이야기를 하는 것 같지만 실상은 "휴대폰을 새로 사는 것"에 대한 주제로 대화를 이어가고 있는 엄마와 아들. 우리가 많이 하고 있는 언어 사용인 "화용론"의 실례입니다.

"말해지는 것과 의미하는 것은 다를 수 있다."

말하고 있는 표면적 의미보다 그 내면적 의미를 이해하는 과정. 이것이 바로 화용론 연구의 큰 주제라고 볼 수 있습니다. 위 엄마와 아들의 대화처럼 겉으로는 다른 이야기를 하는 것 같지만 서로 같은 주제를 우회적으로 표현하고 있다는 것을 이들은 어떻게 이해하면서 대화를 이어나가고 있는 것일까요?

이런 식의 대화가 자연스럽게 이루어지는 현상에 대한 설명으로 영국의 언어 철학자 그라이스(Herbert Paul Grice)가 주장한 대화 함축 이론이 대표적입니다. 현재까지도 대화에 대해 연구할 때 사용되고 있는 이론으로 "함축"

은 화용론이 말하려고 하는 바를 가장 단적으로 보여주는 현상으로 대화로부터 실제 말하고 있는 것 이상의 의미를 추론해 내는 과정을 뜻합니다. 그라이스는 사람들이 대화를 지속할 수 있는 원리를 크게 두 가지로 설명하고 있습니다. 하나는 "협력의 원칙"으로 다른 어떤 것보다 우선하는 대전제이고, 이 협력의 원칙을 지키기 위해 지켜야 하는 4가지 격률이 두 번째입니다.[1]

협력의 원칙은 대화 참여자가 원활한 의사소통에 성공적으로 도달하기 위해 지켜야 하는 원리로써 대화의 참여자가 대화의 목적과 성공을 위해 서로 협력한다는 원칙을 말합니다.

• 협력의 원칙
대화가 진행되는 각 단계에서 대화의 방향이나 목적에 의해 요구되는 만큼 기여를 하라.

이 협력의 원칙 하에 대화 참여자들은 아래의 4가지 대화 격률을 지킵니다.

I. 질의 격률(The maxim of quality)
  : 진실된 기여가 되도록 하라.
 i. 거짓이라고 믿는 것은 말하지 말라.
 ii. 적절한 증거가 없는 것은 말하지 말라.

II. 양의 격률 (The maxim of quantity)
 i. 진행되는 대화 목적을 위해 필요한 만큼만 정보를 제공하라.
 ii. 필요 이상의 정보를 제공하지 말라.
III. 관련성의 격률(The maxim of relevance)
  :관련성을 지녀라.
IV. 태도의 격률 (The maxim of manner)
  :명료하라.
 i. 모호성을 피하라.
 ii. 중의성을 피하라.
 iii. 간결하라.
 iv. 조리 있게 하라.

　　그라이스는 우리가 이런 원칙과 격률에 입각하여 대화하고, 이 원칙과 격률이 잘 지켜질 때 대화가 순조롭게 이루어진다고 설명합니다. 그런데 이 격률이 위배될 때에도 대화의 가장 기본원칙인 "협력의 원칙"은 지켜지고 있고, 대화 참여자들이 의사소통을 계속 이어나가거나 완결하기 위해 하는 말들 안에 격률을 위반한 이유가 존재하며 따라서 표면적인 의미가 아니라 숨겨져 있는 의미가 있고 그것을 찾는 "함축"이 발생합니다. 이런 그라이스의 함축 이론에 따라 위의 어머니와 아들의 대화를 다시 한번 살펴보면, 아들이 먼저 휴대폰 보상 판매라는 주제를 꺼냈으나, "새로운 휴대폰을 사 달라"는 대화의 원래 목적을 위한 것보다 훨씬 애매모호한 말로 "태도의 격률"을 지키지 않았다고 볼 수 있습니다. 그러나 아들이 어머니에게 보상판매와 자신의 휴대폰이 오래되었다는 모호한 말을 하는 것이 협력의 원칙을 지키는 선에서 이루어지고 있으므로 어머니는 "새로운 휴대폰을 사달라"라는 함축적 메시지를 이해한 것이고, 또 아들의 대화 주제에 맞지 않게 어머니가 다시 "영어 시험"이라는 주제를 꺼낸 것은 관련성의 격률을 위반한 것이지만, 협력의 원칙이 여전히 존재하기 때문에 "새로운 휴대폰을 요구하기보다는 공부를 열심히 해라"라는 어머니의 함축적 의미를 전달한 것이 되는 것입니다. 어머니와 아들의 대화는 이런 식으로 대화의 격률을 계속 위반하지만 협력의 원칙을 준수하는 선에서 함축적인 의미를 담은 메시지를 계속 주고받습니다. 즉, "의사소통"이라는 하나의 커다란 그림을 그리기 위해 대화 참여자가 각자 여러 가지 방향으로 기여하는 것, 그것을 "대화"라고 부르는 것입니다.

이 그라이스의 협력의 원칙과 대화의 격률은 성공적인 의사소통이 그 목적입니다. 그렇다면 성공적인 의사소통이라는 것은 무엇을 의미할까요? 성공적인 의사소통에 대한 목적을 "대화에 참여하는 사람들 간의 인간관계의 형성과 발전"으로 둘 때, 대화를 지배하는 핵심 원리는 "예의"입니다. 그라이스가 말하는 대화의 격률이 실제로 위배되는 경우가 상당히 많이 있는데 그것은 사람들이 "상대방에 대한 예의"를 대화에서 중요하게 생각하기 때문입니다.

a. 문 좀 닫아.
b. 바람 들어온다.
c. 문 좀 닫을래?
d. 문 좀 닫아 주겠니?

다른 사람에게 문을 닫아주라는 부탁을 할 때, 여러분은 위의 4가지 보기 중 어떤 것을 고를 건가요? 그라이스의 협력의 원칙에 따르면 a처럼 말해도 아무 문제가 되지 않습니다. 그러나 대부분의 사람들은 아마 a보다는 c나 d를 많이 사용할 것입니다. 그것은 우리가 문을 닫는다는 행위를 하는 타인의 입장을 조금 더 생각하여 자기 중심적 말보다는 상대방을 고려하는 말을 하려는 성향이 강하기 때문입니다.

리치(Leech)는 사람들이 대화할 때 상대방의 입장을 고려하는 것을 "공손성의 원리"라고 하며, 이 원리를 지키기 위해 사람들이 6가지 격률을 지킨다고 주장합니다.[2]

I. 요령의 격률
 i. 상대의 부담(cost)을 최소화하라.
 ii. 자신의 이익을 최소화하라.
II. 관용의 격률
 i. 상대의 이익(benefit)을 최대화하라.
 ii. 자신의 부담을 최대화하라.

III. 찬동(칭찬)의 격률
  i. 상대에 대한 비방(dispraise)을 최소화하라.
  ii. 자신에 대한 칭찬을 최소화하라.
IV. 겸양(겸손)의 격률
  i. 상대에 대한 칭찬(praise)을 최대화하라.
  ii. 자신에 대한 비방을 최대화하라
V. 동의의 격률
  i. 상대와 자신의 이질감(disagreement)을 최소화하라.
  ii. 상대와 자신의 일체감(agreement)을 최대화하라.
VI. 공감의 격률
  i. 상대와 자신의 동감(sympathy)을 최대화하라.
  ii. 상대와 자신의 반감(antipathy)을 최소화하라.

이 공손성의 원리에 따른 6가지 격률에 공통적으로 등장하는 내용이 있습니다. 바로 "상대방과 나"입니다. 이 두 개의 축을 중심으로 어떤 쪽에 더 이익이 되도록 말하느냐가 이 6가지 격률의 핵심입니다. 즉, 상대방에게 이익이 되는 쪽, 그리고 상대방과 내가 최대한 공감이 가는 방향으로 대화해야 한다는 것입니다.

그라이스의 대화의 격률은 그 격률이 위배된다 하더라도 함축적 의미가 내포되어 있어 그 의미를 추론해야 하는 반면, 리치가 말하는 공손성의 원리에 입각한 이 6가지 격률은 지켜지지 않으면 오히려 공손하지 못하고 예의에 어긋나는 말로 인간관계의 증진과 발전을 방해하는 것으로 여겨집니다. 격률을 어김으로써 함축적 의미를 가지는 그라이스의 대화의 격률과 반대로, 리치의 공손성의 원리는 그것을 지켜야 함축적 의미를 가진다는 전혀 다른 속성을 가지고 있습니다. 우리 일상생활의 대화는 이 협력의 원칙과 공손성의 원리에 맞게 이루어집니다.

그라이스의 협력의 원칙이나 대화의 격률, 그리고 리치의 공손성의 원리와 이에 따른 6가지 격률은 어느 나라에서나 인류 보편적으로 적용된다는 특징이 있습니다. 어떤 나라에서든 대화의 격률을 지키거나 위반함으로써 함축된 의미를 표현하며 그 의미를 추론하는 과정이 있을 수 있습니다. 공손함과 예의바름의 정도가 다르다 할지라도 상대방의 입장을 최우선적으로 고려해야 한다는 원칙은 어디에서나 존재하는 것입니다.

그렇다면 왜 상대방의 입장과 이익을 고려하는 것이 대화의 기본 원칙으로 정해진 걸까요? 앞에서 이야기한 2개의 원칙과 격률(협력의 원칙과 대화의 격률, 공손성의 원리와 6개의 격률)은 사람들의 대화를 분석하여 얻은 현상에 대해 설명하기 위한 이론일 뿐 사람들이 왜 그렇게 대화를 하는지 그 원인을 설명할 수는 없습니다.

그렇지만 대화의 원리, 함축의 원리가 성경에서 하나

님께서도 사용하신 원리라면 어느 정도 그 원인을 추론해
볼 수 있지 않을까 합니다.

> 여호와 하나님이 아담을 부르시며 그에게 이르시
> 되 네가 어디 있느냐 (창 3:9)

이 성경 본문은 아담이 하나님께서 먹기를 금한 선악
과를 따먹은 뒤(창 3:1~8), 하나님께서 아담을 찾는 부분입
니다. 그런데 하나님은 정말 아담이 어디 있는 줄 모르셔서
아담에게 "네가 어디 있느냐?"라고 물으셨던 걸까요? 하나
님은 전지전능하셔서 모르는 것이 없으신데 말입니다 (렘
32:27, 요일 3:20). 왜 모든 걸 다 아시는 하나님께서는 "아
담아, 네가 선악과를 먹고 눈이 밝아져 죄악을 알아버려 부
끄러워 네 몸을 나뭇잎으로 가리고 숨었구나."라고 말씀하
시는 대신 "네가 어디 있느냐?"라고 질문하셨을까요? 하나
님은 그라이스가 말하는 대화의 격률 중에 애매모호한 태도
를 취하지 말라는 "태도의 격률"을 위반하고 계십니다. 저는
하나님의 질문에 어떤 함축적인 의미가 있을 거라고 생각하
게 됐습니다. 동시에 하나님께서 "상대방의 부담을 최소화
하면서 상대에 대한 비방을 최소화"하는 "요령의 격률"과
"칭찬(격동)의 격률"도 지키고 계십니다.

저는 여기서 문득 이런 의문이 들었습니다. 과연 하나

님은 어떤 의미로 이런 질문을 아담에게 하셨을까? 이 모든 것이 아담의 입장을 배려하고 ˙생각하셔서 그런 것은 아닐까? 라고 말입니다. 여러분은 어떻게 생각하십니까? 성경은 심오한 의미를 가지고 있으므로 이 질문의 함축적 의미 또한 답하는 사람마다 다를 수 있을 것 같습니다.

만약 하나님께서 아담의 입장을 생각하시고 배려하시면서 대화를 건네셨다면 그 이유는 무엇일까요? 저는 가장 근본적인 원인이 하나님께서 인간을 사랑하시기 때문이 아닐까 합니다. 말씀 자체이신 하나님께서 말씀으로 세상을 창조하시고 태초부터 말씀과 대화로 사람들을 인도해 주십니다. 언어와 대화는 하나님이 인간을 사랑하시고, 인간과 계속 관계를 맺고 싶어 하시는 하나님의 방법인 것입니다.

하나님의 선물 사용법

그렇다면 자신과 닮은 형상으로 창조하신 인간에게 하나님께서는 언어와 대화라는 선물을 주시면서 무엇을 원하셨을까요? 창세기 11장에는 언어가 하나인 사람들이 서로 상의하여 하나님과 같이 높아지기 위해 바벨탑을 쌓는 장면이 등장합니다.

온 땅의 언어가 하나요 말이 하나였더라 이에 그

들이 동방으로 옮기다가 시날 평지를 만나 거기 거류하며 서로 말하되 자, 벽돌을 만들어 견고히 굽자 하고 이에 벽돌로 돌을 대신하며 역청으로 진흙을 대신하고 또 말하되 자, 성읍과 탑을 건설하여 그 탑 꼭대기를 하늘에 닿게 하여 우리 이름을 내고 온 지면에 흩어짐을 면하자 하였더니 (창 11:1~4)

제가 최근에 읽었던 글에서는 바벨탑 사건을 다음과 같이 말하고 있습니다. "사람들이 바벨탑을 쌓을 수 있었던 가장 큰 원동력은 '공통의 언어'였다. 아담이 하나님께 죄를 짓고 에덴동산에서 쫓겨났지만 하나님께서 인류에게 언어만은 공통으로 유지되도록 하신 것이다." 사람들 사이에 소통하는데 아무런 장벽이 없었던 시절, 모든 사람이 서로 대화하며 우애와 사랑을 나누며 일할 수 있는 경이로운 선물이 바로 "공통의 언어"였던 것입니다. 그러나 하나님께서 주신 그 공통의 언어는 하나님께서 인간에게 주신 모든 선물이 그러하듯 사람들이 잘못 사용하여 망가져버렸습니다. 자신의 진심을 나누고 인간다움을 드러내며 그들을 창조하신 하나님을 닮아 가게 하는 선물인 그 언어를 오직 서로 필요한 정보만을 공유하는 도구로만 전락시키고 맙니다. 바벨탑을 쌓으며, 인간이 인간을 지배하며 인간 안의 하나님의 형상을 손상해 버립니다. 하나님에게까지 높아지려는 그 교만과 하나님께 더 이상 간섭받지 않고 독자적으로 살아가겠다고 하는 생각이 '공통의 언어'를 최악의 도구가 되게 하여 하나님께서 더 이상 견디고 보시기 어려운 수준에 이르게 한 것입니다. 그래서 하나님께서는 "인간의 언어를 혼잡하게 하여 그들이 서로 알아듣지 못하게 (창 11:6~7)"하십니다. 서로 소통하며 사랑을 나누며 하나님을 찬양할 수 있는 공통의 언어가 사라지고, 언어도, 사람도 뿔뿔이 흩어지게 된 것입니다.[3]

　　비록 사람들의 교만함으로 언어가 지금의 한국어, 영어, 불어, 일본어처럼 많이 달라졌지만, 같은 언어를 쓰는 언어 공동체들이 생겨났습니다. 그리고 그 언어 공동체 사이에서 공통의 언어를 썼을 때와 같이 서로 소통하고, 하나님을 더불어 예배하고 찬양하는 신앙 공동체들이 생겨날 수 있으며 하나님께서 원하시는 대로 언어와 대화를 통해 서로 소통하며 하나님을 닮아가도록 서로 격려하며 사랑할 수 있는 기회가 지금도 여전히 존재합니다. 하나님께서는 우리가 대화로 그런 기회들을 풍성히 가꾸어가길 원하십니다. 그런데, 지금 현재 우리의 대화는, 언어는 어떤가요? 내가 지금 쓰고 있는 언어는, 다른 사람과 대화할 때의 나는 어떤가요? 그라이스와 리치의 대화의 원리와 격률들도 대화하는 상대방의 입장을 고려하며 성공적인 소통을 위해 서로 협력하는 것을 가장 기본적인 원칙으로 하는데, 하나님을 믿는 우리의 모습은 혹시 그 원칙마저 무시하는 것은 아닌가요?

요즘 서점에 가보면 "대화법"에 대한 책이 많이 있습니다. "이기는 대화, 적을 만들지 않는 대화법, 만만하게 보이지 않는 대화법…" 이것은 아마도 "대화"가 그만큼 어려워지고 있다는 반증이지 않을까 합니다. 왜 대화가 어려워졌을까요? 그것은 하나님께서 인간에게 언어를 주시고 대화하게 하신 그 근본을 잃어버렸기 때문이 아닐까하는 생각이 듭니다. 서로 사랑하고, 배려하며 상대방의 입장을 생각해주고 상대방의 이익은 최대화하며 상대방에 대한 부담과 비방은 최소화하는 가장 기본적인 원리를 생각하지 않고 대화를 통해 무엇이든 얻으려고만 하는 자기 중심적인 마음이 가득하기 때문일 것입니다.

하나님께서는 사람을 창조하시면서 자신의 형상대로 지식과 의와 거룩함으로 창조하셔서 피조물을 다스리게 하셨습니다.[4] 말씀 그 자체인 하나님께서 사람이 소통하며 하나가 되고, 서로 공감하며 위로하는, 서로 관계를 맺으며 서로가 더 나은 사람이 되게 하는, 하나님을 닮아가는 모습이 되도록 격려하는 도구로 언어를 만드신 것입니다. 그런데 언어와 대화 안에 하나님의 사랑이 없고, 하나님의 은총이 없어지면 무엇만 남게 될까요? 하나님께서 선물로 주신 모든 축복이 그러하듯 사람들이 그것을 잘못 사용하기 시작하면 사람을 살리고 도와주는 도구가 아니라 사람을 해치고 망치는 최악의 수단이 되고 맙니다.

하나님께서 유일하게 인간에게만 주신 축복이자 선물인 언어와 대화. 우리는 그 축복과 선물을 올바르게 사용하고 있나요?

마지막으로 말하노니 너희가 다 마음을 같이하여 동정하며 형제를 사랑하며 불쌍히 여기며 겸손하며 악을 악으로, 욕을 욕으로 갚지 말고 도리어 복을 빌라 그러므로 생명을 사랑하고 좋은 날 보기를 원하는 자는 혀를 금하여 악한 말을 그치며 그 입술로 거짓을 말하지 말고 악에서 떠나 선을 행하고 화평을 구하며 그것을 따르라 (벧전3:1~12)

세상은 갈수록 험악해지고, 어쩌면 화평하며 평화롭게 사는 것이 너무 어려워지고 있는지도 모릅니다. 그러나 하나님께서는 이런 어려운 현실 가운데서도 말을 조심하며 화평을 구하는 말과 행동을 하라고 우리에게 말씀하십니다. 그것이 하나님께 영광을 돌리는 일이라고 하십니다. 그것의 시작은 바로 내가 하는 말, 그리고 내가 상대방에게 건네는 대화에 있지 않을까요?

하나님께서 인간을 사랑하셔서 주신 축복이자 선물인 언어, 그리고 그 언어를 통해 하나님의 사랑과 상대방에 대한 사랑을 표현하는 대화를 하는 방법은 먼저 상대방의 입장을 생각하고 배려하는 것임을 잊지 않길 바랍니다.

"입으로 들어가는 것이 사람을 더럽게 하는 것이 아니라 입에서 나오는 그것이 사람을 더럽게 하는 것이니라 (마 15:10)"라고 예수님께서 말씀하셨습니다. 오늘 하루 내 입에서 나오는 말들이 나를 더럽게 하고 있는 것은 아닌지 생각해 보시길 바라며 대화 속에서 하나님의 사랑을 나누며, 서로에게 공감하며 서로를 위로하는 하나님의 선물을 만끽하는 우리가 되길 바랍니다.

1) Grice, Paul. 1975. "Logic and conversation"
2) Leech, G. (1983). 〈〈Principles of pragmatics.〉〉 London, New York: Longman Group Ltd.
3) 송용원 (2020). 두 도시 이야기. 매일성경 묵상집 2020년 5,6월. 성서유니온 독립개신교회 교육위원회.
4) 김명순. 〈〈웨스트민스터 소요리문답〉〉 (2012). 성약출판사

장애인이면서 사회복지사이면서 크리스천 작가인 글쓴이가 이야기하는 우리 사회의 차별과 혐오에 대한 이야기. 그리스도인들이 혐오의 대상이 되기도 하고 주체가 되기도 하는 이 시대에서 차별당하는 소수자들에 대해 우리는 어떤 시선을 가져야 하고 어떻게 행동해야 하는지 담담하게 이야기합니다. 약자를 위한 삶을 사셨던 예수님을 담기 원한다는 우리의 지난 모습을 돌아볼 수 있는 시간이 되시길 바랍니다.

3교시 인권과 복지

어울림으로 하나 되는 세상
-소수자를 향한 혐오와 차별에 대하여-

정종민

작가

'모든 사람의 삶이 하나의 정해진 형태로 획일화된 후에, 거기에 저항하고자 한다면, 그 획일적인 삶의 형태로부터 벗어난 모든 것들은 불경스럽고 비도덕적이며, 심지어 본성을 거스르는 기괴한 것으로 여겨지게 될 것이다. 인간이라는 것은 다양성을 보지 않은 채로 한동안 살아가다 보면, 아주 신속하게 다양성이 무엇인지를 알지 못하게 되기 때문이다.'

(자유론, 존 스튜어트 밀)

소수자에 대한 흔한 방식

유튜브에서 재미있는 원숭이 실험 영상을 본 적이 있습니다. 두 마리의 원숭이가 각각 철조망 우리 안에 나란히 있습니다. 원숭이들은 자신이 가지고 있는 돌멩이를 실험자에게 주면 똑같이 오이를 보상으로 받았습니다. 원숭이들은 오이를 맛있게 먹었습니다. 그러다가 실험자는 다시 각각의 원숭이에게서 돌멩이를 받은 후에, 한 원숭이에게는 오이를 주었고, 다른 원숭이에게는 포도를 주었습니다. 포도는 원숭이가 좋아하는 과일입니다. 오이를 받은 원숭이는 포도를 받은 원숭이를 보며 당황하는 표정이 역력했습니다. 원숭이는 소리를 지르기 시작했고 급기야 가지고 있던 오이를 실험자에게 던졌습니다. 자신도 실험자에게 똑같이 돌멩이를 주었는데 왜 자신에게는 오이를 주고 다른 원숭이에게는 포도를 주는가에 대한 항의의 뜻이었습니다. 동물도 차별을 받으면 분노할 수 있음을 과학적 실험을 통해 증명한 것입니다. 차별은 학습하지 않아도 본능적으로 알 수 있는 명확한 메시지입니다.

저는 휠체어를 타고 다닙니다. 누군가가 밀어주면 카페든 맛집이든 어디라도 갈 수 있습니다. 하지만 실제로는 들어가지 못하는 곳이 훨씬 많습니다. 바로 입구에 계단이 있는 곳입니다. 그래서 어딘가를 가고자 할 때 항상 모바일

지도의 거리뷰를 통해 계단의 존재 여부를 확인합니다. 아니면 한번 갔던 곳을 또 가게 됩니다. 저는 수동 휠체어를 타서 한 개의 계단은 도움을 통해 들어갈 수 있습니다. 반면에 전동 휠체어를 타는 분들은 단 한 개의 계단도 불가능합니다. 계단이 한 개이든 두 개이든 휠체어 장애인에게는 차별로 다가옵니다. 굳이 매장 입구에 "장애인 사절"이라고 크게 써놓지 않아도 눈앞에 똑똑히 보입니다. 만약 어떤 나라나 지역에서 장애인을 흔하게 볼 수 있다면 그 사회는 장애인이 많은 것이 아니라 장애인이 쉽게 이동 가능한 사회라는 뜻입니다. 바로 이동의 차별이 없는, 이동권이 보장된 사회입니다. 버스를 타거나 지하철을 이용할 때 불편함이 없는데 어떤 사람이 집에만 머물까요. 누군가는 가고 싶은 곳에 아무런 불편함 없이 가고 누군가는 많은 노력을 해서 가야한다면 이는 분명 차별입니다.

제가 중학교 때 일입니다. 방과 후에 친구들과 함께 즐겁게 놀고 집으로 향하는 길이었습니다. 저는 휠체어를 탔고, 제 친구는 목발을 짚었고, 다른 친구는 몸을 제대로 가누기 어려운 뇌병변장애로 걷는 게 불편했습니다. 셋이서 길을 가던 중 뇌병변장애를 가진 친구가 넘어졌습니다. 친구가 일어서길 기다리는 중에 어떤 아저씨가 와서 친구를 부축해 주었습니다. 저와 다른 친구는 감사하다고 인사를 했습니다. 그런데 갑작스런 아저씨의 말에 상처를 받게 됩니다. "어린 녀석이 대낮부터 술을 마시냐"며 혼내는 것이 아닌가요. 아저씨는 제대로 서지 못하는 제 친구를 보며 술에 취한 것으로 오해한 것입니다. 친구의 안색은 좋지 않았습니다. 어린 시절부터 장애를 가지고 살면서 많은 일들을 경험했지만 이런 상황에 부딪히면 낙심과 좌절은 거침없이 밀려옵니다. 아저씨의 말은 제가 아닌 친구에게 던져졌지만 저에게도 마음 깊이 박혔고 기억은 오늘까지 생생하게 남아 있습니다.

혐오와 차별은 무지 속에서 자신도 의식하지 못한 채 화살이 되어 소수자에게 박힙니다. 우리가 살아가는 일상에서 이 화살은 어떤 특정 대상에게 의도적인 말과 행동으로 옮겨지는 경우는 거의 없습니다. 아침에 지하철을 타고 수많은 사람들 사이에서 출근을 하고, 이미 알고 있는 동료들과 일을 하고, 저녁에는 태어날 때부터 함께 지내온 가족이 있는 집으로 갑니다. 당신의 친구들은 짧게는 1~2년, 길게는 10년 이상을 알고 지냈고 특별히 다르지 않은 환경과 성향을 가지고 있어 예민하게 신경 써야 할 일은 발생하지 않습니다. 나와 비슷하거나 이미 적응한 사람들 사이에서 혐오와 차별은 바다 건너편 먼 나라들에서나 일어나는 일로 여겨지기 쉽습니다. 그러나 조금만 주위를 살펴보면 나의 무관심과 무지로 무심코 하는 농담과 행동은 혐오와 차별을 담고 있어 누군가에게는 화살로 던져집니다.

어린 시절 제가 만났던 그 아저씨는 한 가정의 평범한 아버지이며, 회사에서 성실하게 일하고 있는 직장인이었을 것입니다. 어찌 보면 술 취해 보이는 제 친구가 바른길로 갔으면 하는 선의의 뜻에서 말했을 수도 있습니다. 그분은 혐오나 차별이 무엇인지 알고 있지 못했을 것입니다. 그러나 저와 제 친구 같은 장애인이 이와 비슷한 일을 현실에서 마주하게 되면 세상 밖으로 나오기 점점 어려워질 수밖에 없습니다. 어떤 한 사람이 '나는 몰랐으니까', '나는 그런 뜻으로 말한 것은 아니니까'라며 그냥 넘어가거나, 또는 다수의 사람들이 이런 태도를 가진다면 별다른 문제 없이 편안하게 살아갈 수 있을까요? 그러기에는 우리 사회가 그리 단순하지 않습니다. 이미 우리와 전혀 다른 수많은 외국인들과 함께 살아가고 있으며 같은 한국인이라고 해도 다양한 가치기준과 환경 속에서 복잡다단하게 살아가고 있습니다.

차별은 반드시 장애인과 같은 소수자에게만 일어나는 일은 아닙니다. 차별은 가까운 이웃과의 관계에서도 일어납니다. 수년 전 같은 아파트 단지에 살면서 차별로 인해 갈등이 발생했습니다. 단지 내에 임대 아파트가 있는데 이들 주민은 놀이터 사용은 하지 말라는 공지가 나온 것입니다. 자신들은 관리비를 내는데 임대 아파트 주민들은 내지 않다는 것입니다. 하지만 임대 아파트 주민들은 임대료를 내고 들어왔기 때문에 억울한 일입니다. 또 다른 사례로는 한 지역사회에서 특정 아파트 주민을 "휴〇〇〇 거지" 일명 "휴거"라고 부르며 차별하는 일이 있었습니다. 그것도 어린아이들이 친구를 그렇게 부르며 놀리는 것입니다. 주거(부동산)가 신분(계급)이 되는 세상인 거죠. 이런 갈등과 차별을 보는 우리의 아이들은 어떤 사람으로 성장할까요? 잘사는 동네에서 살면 다른 동네에 사는 친구들은 혐오해도 된다는 생각을 하게 되고 자연스럽게 그들은 혐오의 대상이 될 것입니다.

우리는 자신도 모르는 사이에 차별을 하고 있습니다. 대부분의 사람들이 자신은 차별한 적이 없다고 말합니다. 차별은 좋지 않다고 합니다. 그러나 조금만 자세히 살펴보면 수많은 차별들이 존재합니다. 오랜 시간 익숙해져 차별로 인식하지 못할 뿐인거죠.

누가 소수자일까요?

소수자에 대한 글을 쓴다고 하니 주위의 친구들은 눈을 크게 뜨고 놀라며 성소수자에 대한 글이냐고 물었습니다. 저는 침착하게 그냥 소수자에 대한 글이라고 하니 안심하는 분위기였습니다. 소수자라는 말이 성소수자와 비슷해서인지 같은 개념으로 생각하는 경우가 있고, 성소수자 이슈가 다른 소수자 이슈보다 사회적으로 더 부각되기도 하고 정서적으로는 동성애에 대한 저항감도 있어 아직은 익숙하지 않아 보입니다. 그럼 소수자는 누구일까요? 소수자란 '신체적·문화적 특징으로 인해 사회의 지배 집단과 구별되어 차별적 대우를 받는 사람'이며 영어로는 'minority'로 표현합니다. 비소수자에 대한 정의를 보면 소수자에 대한 이해가 더 잘 될 겁니다. 비소수자란 '국가 권력의 표준화로부터 배제되지 않은 사람. 주로 동성애자가 아닌 이성애자, 장애인이 아닌 비장애인, 인종적 소수자가 아닌 사람'입니다. 즉 동성애자, 장애인, 다문화가정, 외국인 등이 소수자라고 볼 수 있습니다.

그렇다면 여성처럼 인구수가 많으면 소수자가 아닐까요? 여성은 어느 국가이든 대체로 전체 인구의 절반 정도를 차지하고 있습니다. 그렇다면 소수자가 아닐까요? 소수자는 반드시 인구수에 따라 정의되지는 않습니다. 인구수가 많아도 혐오의 대상이 되거나 차별적 대우를 받으면 소수자입니다. 그렇기에 여성도 소수자가 될 수 있습니다. 실제로 한국에서는 경제활동에서 여성이 남성보다 처우가 평균적으로 낮으며, 정치나 공직활동 비율을 보더라도 여성이 남성보다 훨씬 낮습니다. 이전보다는 조금씩 개선되고는 있으나 아직까지도 출산이나 육아로 인해 원하는 일을 포기해야 하는 상황에 몰리기도 하며, 회사 내 여성차별과 성희롱은 여전히 진행형입니다. 그리고 여성을 대상으로 한 혐오 범죄는 계속해서 일어나고 있습니다. 몇 년 전 안타까운 '강남역 살인사건'에서부터 아르바이트 여학생을 이유 없이 흉기로 가격한 사건 등 길거리에서 여성을 향한 '묻지 마 폭행'이 지속적으로 발생하고 있습니다. 〈〈분노사회〉〉 정지우 작가는 혐오를 '배제의 감정'으로 설명합니다. '특정 대상을 배제하는 과정에서 각종 조롱과 멸시를 포함하는 혐오가 일어나고, 혐오의 대상은 내 삶에서 제거되어야 할 존재'라는 것입니다. 양극화된 사회구조와 경쟁에서 뒤처졌다고 느끼게 되어 여성을 배제하고자 하는 증오범죄의 형태가 나타나고 있습니다.

다른 나라의 여성들은 어떨까요? 중동지역이나 이슬람 문화권의 국가에서는 여성들의 사회경제적 또는 정치적 활동이 매우 제한적입니다. 본인의 의사와는 상관없이 머리에 항상 히잡(여성의 머리와 목을 가리는 일종의 두건)을 둘러야 한다거나, 공직 진출 및 선거 참여가 불가능하며, 투표권조차 주어지지 않는 경우도 있습니다. 이 지역의 여성차별은 종교·문화적 영향이 크지만 법적, 제도적으로 정착되어 있어 합법적인 성격을 지니고 있습니다. 그리고 일부 지역에서는 자신이 속한 가문의 명예를 더럽혔다는 이유로 가족이나 친인척 여성을 죽이는 '명예살인'이 일어나기도 합니다.

소수자
minority

신체적
문화적

특징으로 인해 지배집단과 구별되어
차별적 대우를 받는 사람

비소수자 ⟶ 주류사회

특정대상을 배제하는 과정에서
각종 조롱과 멸시를 포함한 혐오 발생

〈분노사회〉 정지우

일상적인 혐오 표현

아줌마, 급식충, 선택장애, 김치X...

소수자에 대한 혐오나 차별은 이미 우리의 일상에 깊이 들어와 있습니다. 한 번은 제가 비영리 업무 관련 강의를 하던 중에 "단체 상황에 따라 파트 근무자로 '아줌마'도 괜찮다."고 몇 번 언급한 적이 있습니다. 강의 참석자들은 비영리단체에서 오랜 기간 근무하고 계신 분들입니다. 편안한 강의 분위기였고 저 또한 비영리단체에서 근무하고 있었기에 전체적인 강의 내용에 있어서는 함께 공감할 수 있는 내용이 많았습니다. 강의가 끝나고 며칠 뒤 강의평가 피드백을 받았는데 몇몇 분이 '아줌마'라는 말로 기분이 상했고 앞으로 조심해달라는 의견을 주셨습니다. 그렇지 않아도 강의 중에 다른 용어로 대체할 수는 없을까 하는 생각이 언뜻 들기도 했는데 어찌 되었든 제가 부주의했던 것입니다. 우리가 쉽게 쓰는 '아줌마'는 '아주머니'를 낮추어 사용하는 말로 대체로 중년 여성, 결혼한 여성을 지칭합니다. 여성을 낮추어 부르는 의미가 있어 듣는 사람에게는 기분이 상할 수밖에 없습니다. 이외에도 혐오나 차별이 담긴 언어들은 수없이 많습니다. '선택장애', '급식충', '김치녀' 등은 이제 우리가 특별하게 의식하지 않고 사용하거나 흔히 듣는 말들입니다. 새로운 신조어들도 꾸준히 등장하고 있으며 이제는 이런 말들이 없으면 대화의 재미도 없고 SNS의 글들은 읽히지도 않습니다.

　　한국에서 내국인들 사이에서만 혐오의 말들이 오고

가지는 않습니다. 한국에 사는 흑인을 '흑형'이라 부르기도 합니다. 한 흑인 방송인은 형이면 그냥 형이지 왜 흑형이라 부르는지 이해할 수 없다고 했습니다. 우리에게는 친근감의 표시라고 보일지는 몰라도 그 말을 듣는 사람의 입장에서는 인종적으로 구분 짓는 말로 들릴 수 있습니다. 만약 해외에서 흑인들이 길을 지나가는 한국인에게 '황형'(황인종)이라고 부르면 어떨까요? 실제로 해외에서는 아시아인을 뜻하는 혐오 표현을 어렵지 않게 봅니다. 눈 찢는 얼굴 표정이 그중 하나입니다. 유럽의 유명한 축구선수가 경기장에서 이러한 표정의 세레머니를 했다가 공식적으로 사과한 적이 있고, 지난 월드컵 시즌에는 다른 나라 사람들이 한국인을 대상으로 눈 찢는 표정을 지어 한국에서 강력하게 항의를 하기도 했습니다. 그들은 이러한 표정과 행동이 혐오를 심각하게 조장하고 있는지조차 알지 못했습니다.

선택 가능한 것이라면 누가 이 삶을 선택할까

혐오감은 상한 음식, 역겨운 냄새, 징그러운 곤충과 같은 것을 거부하는 정서적 반응입니다. 자신의 건강이나 안전에 위협이 될 수 있는 것으로부터 자신을 보호하기 위한 자연스러운 반응이기도 합니다. 그러나 혐오감은 본능적 반응이라기보다는 학습에 의해 받는 영향이 큽니다. 어린 아기는 자신의 대변이나 벌레를 만지는 것을 주저하지 않습니다. 엄마는 아기가 만지지 못하게 하면서 혐오스러운 표정과 만지면 안 된다는 말로 혐오감을 가르칩니다. 이후부터 아기는 무언가 이상한 것을 만지기 전에 엄마의 반응을 먼저 살펴보기 시작합니다. 혐오는 학습과 경험을 통해 점차 구체화되고 한 개인에게 강력한 영향력을 가지게 됩니다. 혐오의 사전적 정의는 '싫어하고 미워함'입니다. 혐오는 어떤 대상을 싫어하고 미워함으로 질병과 위험, 죽음으로부터 자신을 보호하는데 도움을 줄 수 있습니다. 즉 위험을 줄 수 있는 대상을 자신으로부터 배제함으로 자신을 지키는 것으로 볼 수 있습니다. 그렇다면 소수자 혐오도 이런 긍정적인 효과를 줄 수 있을까요?

전우용 역사학자는 일본의 '혐한'시위와 한국의 '반일'운동의 차이를 다음과 설명하였습니다. 혐한에서 '혐'은 자신(일본)은 위에 있고 상대(한국)는 아래에 있다고 생각해서 갖는 징그러워하는 감정이고, 반일에서 '반'은 위쪽(일본)에 갖는 적대감입니다. 일본의 혐한 시위에서는 "한국인은 일본에서 떠나라"라고 외치지만, 한국의 반일운동에서는 "일본인은 한국에서 떠나라"라고 하지 않습니다. 이렇듯 혐오와 반대는 매우 큰 차이를 가집니다. 어떤 사안이나 결정에 반대의사를 표현하는 것과 특정 대상을 혐오하는 것은 차원이 다른 일입니다. 일상생활에서의 반대 표현은 동등한 입장에서 이루어지는 경우를 많이 보게 됩니다. 그러나 혐오는 감정적인 대응이며 상대의 존재 자체를 무시하고 인격을 허무는 일입니다. 이런 사례는 주위에서도 종종 볼 수 있는데 일부 단체들이 동성애 반대를 외치며 혐오표현을 무차별적으로 사용하는 경우입니다. 이성적이고 합리적으로 반대의사를 표현하는 것은 민주주의 국가에서는 허용되는 일입니다. 하지만 무조건적으로 상대방을 혐오하는 것은 반대의사를 표현하는 것과는 분명히 다른 일이며 감정에 치우친 비합리적인 행동입니다.

그리고 사실 소수자 혐오의 대상은 반대의사를 표현할 수 있는 성격의 일이 아닙니다. 앞서 말했듯이, 저는 휠체어를 타는 장애인입니다. 누군가가 저에게 와서 "저는 당신이 장애인인 것을 반대합니다."라고 말할 수 있을까요? 아니면 저를 바라보며 "저는 당신의 장애를 반대합니다."라는 말은 어떨까요? 제가 장애인으로 살기 위해 스스로 장애를 선택하지는 않았습니다. 누구라도 그런 사람은 없을 겁니다. 어느 날 사고가 있었고 이후부터 장애인으로 살고 있는 것입니다. 치료를 받을 수 있다면 장애인으로 살지 않을 겁니다. 또 누군가가 "저는 당신의 여성성을 반대합니다.", "저는 당신이 흑인인 것을 반대합니다.", "저는 당신의 이슬람 종교를 반대합니다."라고 한다면 어떨까요? 이렇게 말하는 사람도 없겠지만 논리적으로도 맞지 않는다는 것을 누구나 알고 있습니다. 그렇다면 "저는 당신의 동성애를 반대합니다.”라고 말하는 것은 논리적으로 맞는 말일까요? 소수자 혐오에 대한 내용을 자세히 살펴보면 인종, 성, 종교, 피부색, 신념 등으로 한 사람의 정체성과 연결된 영역이 대부분입니다. 자신이 원한다고 선택할 수 없으며, 쉽게 바꿀 수 있는 성질의 것도, 타인의 강요에 의해 바꿔야 할 것도 아닙니다. 태어날 때부터 주어지고 성장과정에서 습득되고 환경적으로는 당연한 것으로 받아들일 수밖에 없는 특성을 지니고 있습니다.

평범한 개신교인 어머니는 어느 날 자신의 딸이 성소수자인 것을 알게 되었습니다. 딸은 어머니에게 고백하기까지 4년을 기다리며 준비했다고 합니다. 어머니는 그 날부터 인터넷으로 성소수자에 대해서 알아보기 시작했습니다. 주위 사람들에게는 알릴 수가 없었습니다. 남편에게는 말할 수조차 없었고, 담당 목사님께 말씀은 드렸지만 목사님도 어떻게 해야 할지 몰랐습니다. 어머니는 스스로 물어본다고 합니다. ‘내 딸이 커밍아웃하지 않았더라면 지금 나는 행복할까. 삶은 예상치 못한 일의 연속이고 다른 일이 얼마든지 생길 수 있어. 그때마다 좌절하면 어떻게 다시 일어나겠니...’(‘내 딸은 동성애자, 그래도 괜찮아’, 뉴스엔조이 인터뷰) 많은 사람들이 동성애는 성적으로 문란하다고 생각하지만 대부분 우리와 똑같이 평범한 삶을 살아가고 있습니다. 또한 동성애는 자신이 선택하는 것으로 알고 있지만 그들은 그렇지 않다고 말합니다. 선택 가능한 것이 아니기에 불편을 감수하고 살아간다고 합니다. 선택할 수 있다면 이성애자의 세상에서 누가 성소수자로 살려고 할까요?

'자기 의'와 '하나님의 의'

어떤 기독교 보수정당에서 '동성애/이슬람 없는 청정국가 이룩' 선거 현수막을 게시한 적이 있습니다. 현수막 내용으로만 보면 이 정당은 성소수자와 이슬람 신자가 없는 지역을 만들고 기독교인만 살기 위해 존재하는 것입니다. '청정'이 담고 있는 의미는 동성애자와 이슬람 종교인은 불결하고 기독교인은 깨끗(순결)하다는 뜻으로 볼 수 있으며, 불결한 동성애자와 이슬람 종교인들은 자신들과 함께 살 수 없으니 한국에서 떠나라는 것입니다. 이러한 메시지는 전형적인 혐오표현으로 앞서 살펴본 일본의 혐한 시위의 표어와 다를 바 없습니다. 당신들은 불결하고 징그러우니 상대할 수 없고 보기 싫으니 사라져 버렸으면 좋겠다는 것입니다. 나의 종교와 다르고 종교가 지향하는 이성애자가 아니기 때문입니다. 자신의 가치 기준과 다르면 상대방을 혐오해도 될까요? 이러한 일들은 2천 년 전 이스라엘에도 있었습니다.

예수님 당시 유대인들은 사마리아인을 불결하게 취

급했고 접촉하기를 꺼려해서 사마리아 지역을 지나갈 일이 있으면 한참을 돌아갈 정도였습니다. 이는 북이스라엘이 멸망하면서 많은 타민족들이 사마리아에 정착하게 되었고, 타민족과 피가 섞인 유대인은 순결하지 않다고 여긴 예루살렘의 유대인들은 같은 민족임에도 불구하고 그들을 이방인 취급을 했기 때문입니다. 구약성경에 의하면 이스라엘 민족은 이방 민족과 상종하지 말아야 했고 이방인과 상종한 사마리아인들은 같은 이방인으로 보는 것이 당연한 것이었습니다. 그래서 요한복음 4장에 나오는 우물가의 여인은 예수님이 자신에게 직접 물을 달라 요청했을 때 의아했습니다. 유대인들은 자신들을 혐오하기에 가까이하지 않는데 이상하게도 예수님은 먼저 다가와 물을 달라며 말을 걸었습니다. 반면에 예수님의 입장에서는 이방인과 상종하지 말라는 구약성경의 율법을 어겼다고 볼 수 있고, 사마리아 여인을 대면한 것은 유대인들의 정서에 반하는 행동이었습니다.

왜 예수님은 사마리아 여인에게 다가갔을까요? 예수님이 사마리아 여인에게 다가가는 것은 자연스러운 일이었습니다. 그분은 이미 사회적 약자이자 소수자인 아이들, 죄인, 창녀, 장애인, 세리와 어울리셨으며, 오히려 다수자로서 지배계층인 바리새인이나 율법학자는 멀리하셨습니다. 다수자인 그들은 '자기 의'가 가득했지만 예수님이 가까이했던 이들은 '자기 의'는 전혀 찾아볼 수 없었으며, '하나님의

의'가 절실했습니다. 예수님은 바리새인의 기도와 죄인 세
리의 기도를 비유로 설명하며 '자기 의'를 경계하셨습니다.

> "스스로 의롭다고 확신하고 남을 멸시하는 몇몇
> 사람에게 예수께서는 이 비유를 말씀하셨다." (눅 18:9)

혹시 자신이 가진 사회적 지위와 부, 학력 또는 종교
의 기준으로 다른 사람을 혐오하거나 멀리하지는 않는가
요? 예수님이 보신다면 우리가 가진 기준은 '자기 의'일뿐입
니다. '자기 의'는 '하나님의 의'와는 대치되는 것입니다.

> "그들은 하나님의 의를 알지 못하고, 자기 자신들
> 의 의를 세우려고 힘을 씀으로써, 하나님의 의에는 복종
> 하지 않게 되었습니다. 그러므로 그리스도는 율법의 끝
> 마침이 되셔서, 모든 믿는 사람에게 의가 되어 주셨습니
> 다." (롬 10:3~4)

누군가를 혐오하고 이를 통해 차별한다면 이는 '하나
님의 의'가 아닌 '자기 의'로 사는 것입니다. '자기 의'로 가
득한 자는 '자기 의'의 기준에 의해 자신만이 옳고 자신만이
순결하기 때문에 다른 사람('하나님의 의'가 필요한 사람)과
는 어울릴 수 없게 됩니다. 예수님이 소수자와 어울리기를
기뻐하신 것은 그들도 하나님의 백성이며 '하나님의 의'가
필요했기 때문입니다. 궁극적으로 예수님이 이 땅에 오신
목적이었습니다. 우리는 소수자에게 어떠해야 할까요?

혐오는 두려움에서

2018년 500명이 넘는 예멘인이 제주도에 입국해 난민 신청을 하였습니다. 한국 정부는 난민 정책의 시험대에 올랐고 사회적으로는 난민 허가 찬반론으로 뜨거운 이슈가 되었습니다. 난민을 접해볼 기회가 적었던 국민들은 난민에 대한 걱정과 두려움이 앞서는 분위기였습니다. '그들은 가짜 난민이다', '이슬람 테러리스트다', '제주부터 이슬람으로 넘쳐나 대한민국이 이슬람화 될 것이다.' 등의 소문과 가짜 뉴스가 쏟아졌고, 청와대 청원 게시판의 '난민 신청 허가 폐지'는 며칠 새 수십만 명의 동의를 얻었습니다. 일부 보수 개신교계에서는 이슬람과 테러의 위험성을 부각하며 난민을 받아들일 수 없다고 했고, 제주도민들은 일자리도 부족하고 먹고살기 힘들다며 제주도는 난민이 살 수 없다고 했습니다. 이러한 상황 속에서 제주도의 한 목사님은 예멘 난민을 지원하기 위해 많이 노력하였습니다. 그러나 주위의 교회와 주민들의 반대로 지원활동을 포기할 수밖에 없었습니다. 목사님은 교회와 주민들에게 어떻게 이럴 수 있느냐며 섭섭함을 호소했습니다. 정부는 난민 인정 2명, 인도적 체류허가 412명으로 최종 결정을 하였습니다. 인도적 체류허가는 난민 인정은 아니지만 임시체류가 가능하며 제주도 내에서의 근로활동을 허용합니다. 그러나 본국 상황이 좋아지거나 범죄사실이 확인될 경우 체류허가는 취소될 수 있습니다. UN 가입국의 난민 인정률은 38%인데 한국은 2% 수준에 불가합니다. 한국은 아시아 최초로 난민법을 만든 국가입니다. 그럼에도 실제 한국에서 난민으로 살기는 거의 불가능한 수준입니다.

'혐오의 흥미로운 속성이 확인된다. 혐오는 두려움과 다른 감정이다. 하지만 혐오 감정은 거의 대부분 두려움을 동반한다. 우리가 혐오하는 대상은 우리를 오염시킬까봐 두려워하는 대상이기도 하다. 남자들의 게이 혐오는 동성에게 강간을 당하는 공포와 뗄 수 없다. 유대인 혐오는 유대인이 질병을 옮기는 인종이라는 두려움을 늘 동반했다. 흑인 혐오는 흑인 노예가 백인 농장주의 부인과 딸을 강간할 것이라는 두려움과 한 쌍이다. 여성 혐오는 여성이 남성을 타락시킬 것이라는 두려움과 한 쌍이다. 오늘날 난민 혐오는 무슬림 남성들이 본국 여성을 강간할 것이라는 두려움과 한 쌍이다.'

(시사인, '혐오, 선을 넘다', 천관율 기자)

제주 예멘 난민에 대한 혐오는, 범죄나 테러로부터 검증되지 않은 사람들에 대한 두려움, 한국 문화와는 다른 이슬람 문화(일부다처제, 음식 등)에 대한 두려움, 난민으로 인한 성폭력과 각종 범죄에 대한 두려움, 난민들로 인해 삶의 터전과 일자리가 빼앗길지도 모르는 두려움 등에서 기인합니다. 뿐만 아니라 '더 많은 난민이 대거 몰려올 것이다.', '제주도와 한국이 이슬람화 될 것이다.'의 메시지를 담은 난민과 이슬람에 관한 가짜 뉴스는 난민에 대한 두려움을 가중시키고 혐오를 확대 재생산합니다. 소수자에 대한 두려움은 실체가 없음에도, 또는 실제로는 아주 드물거나 특별한 상황에서 발생함에도 불구하고, 시간이 지날수록 구체화되고 강화되어 혐오표현이 정당화되기도 하며 이들에 대한 차별이 조직적으로 이루어지기도 합니다. 때때로 소수자에 대한 증오범죄가 일어나 난민에게 피해가 발생했음에도 가해자에 대하여 책임을 묻거나 피해자에 대한 보상이 적절하게 이루어지지 않을 수도 있습니다. 수년이 지난 지금 예멘 난민으로 인한 강력사건은 없었습니다. 그들은 여전히 한국에서 자리 잡기 위해 열심히 살아가고 있습니다.

우리는 지난 과거를 잊고 있습니다. 사실 우리도 난민이었습니다. 가깝게는 제주 4.3사건 때 정부의 무차별한 양민학살을 피해 무작정 일본으로 떠난 제주 난민, 그들은 일본에서 추방당해 다시 돌아올 수밖에 없었습니다. 일제 식민지 시기는 어떠했나요? 일본의 폭정을 피해 러시아, 중국, 남미 등지로 흩어져 난민과 다름없는 삶을 살았습니다. 아무런 보호도 받지 못하고 무관심과 착취 속에서 하루하루 살아남기 위해 고통스러운 시간을 보냈습니다. 불과 수십 년 전 한국은 참혹한 6.25 전쟁을 거쳤습니다. 22개국 194만 명의 유엔군이 참전했고, 이들 가운데 전사 4만 명, 부상 10만 명, 실종/포로 9천 명이 발생했습니다. 그들은 대부분

혐오는 두려움에서

게이	동성강간
유대인	질병옮김
흑인노예	백인부인 딸을 강간
여성	남성을 타락시킴
난민(무슬림)	자국 여성 강간

의 두려움

－시사인 천관율

우리도 '난민'이었던 과거

제주 4.3사건
6.25 한국전쟁
일제강점기

·

·

전에 너희도 애굽 땅에서 나그네 되었었음이니라.

신명기 10:19

이름도 들어보지 못한 국가, 아시아의 작고 가난한 나라, 일본의 식민지였던 나라에 와서 전쟁을 치러야 했습니다. 만약 그들이 없었다면 우리는 전쟁난민으로 전 세계에 흩어졌거나 자유가 없는 한반도에서 살았을 겁니다. 한국전 참전국들은 우리 국민이 난민이 된 이후에 도움을 준 것이 아니라 난민이 되기 전에 전쟁에 뛰어들어 죽음의 위험을 무릅쓰고 도와준 것입니다. 지금의 대한민국은 우리의 힘과 노력으로만 이루어진 것이 아닙니다. 그리고 오늘날에는 세계에서 국내총생산(GDP) 10위 국가가 되었습니다. 이제는 우리가 어려운 나라를 적극적으로 지원을 해야 합니다.

성경에서는 난민을 어떻게 보았을까요? 구약에 가장 대표적으로 나오는 사회적 약자는 고아와 과부, 나그네였습니다. 여기서 나그네는 외국인을 의미하며 난민이 이에 해당됩니다. 이스라엘은 애굽에서 나그네였습니다. 그들은 애굽에서 아무런 권리도 주어지지 않았고 애굽인들의 종으로 살아갔습니다. 고대사회에서 나그네는 일종의 물건과 같은 취급을 받았습니다. 그리고 고아와 과부, 다시 말해 어린이와 여성은 고대에서 근세까지 존엄성을 가진 인간으로 취급받지 못했습니다. 당시에는 남성들만이 사회에서 사람으로서 인정받았습니다. 이들 세 부류의 사람들은 당시에도 소수자로서 인격적인 대접은 기대조차 할 수 없었으며, 모든 계층에서 가장 약하고 가난하며 사람들의 외면을 받았습니다. 어느 누구도 이들을 가까이하려 하지 않았습니다. 이들은 스스로를 보호할 수 있는 힘을 가질 수 없었고, 다른 사람들이 그들을 보호할 의무도 없었습니다. 그러나 성경은 이들에 대하여 다음과 같이 말하고 있습니다.

> "고아와 과부를 위하여 신원하시며 나그네를 사랑하사 그에게 식물과 의복을 주시나니 너희는 나그네를 사랑하라 전에 너희도 애굽 땅에서 나그네 되었었음이니라." (신명기10:18-19)

성경은 이스라엘도 한때 나그네였으니 그들을 도우라고 말하고 있습니다. 그리고 성경에서는 특이하게도 나그네이면서 과부였던 한 사람을 중요하게 다룹니다. 그 사람은 바로 모압 여인 룻입니다. 그녀는 외국인이면서 미망인이었기에 가장 약한 자 중에 약한 자였습니다. 그럼에도 예수 그리스도의 계보에 오르는 축복받은 여성이 되었습니다. 하나님은 모든 사람을 사랑하시지만 그중에서도 소수자를 가장 사랑하시고 축복하십니다. 신약에서는 어떤 사람이 혐오와 차별의 대상이었을까요? 나병환자, 혈우병 환자, 세리, 창녀, 사마리아인, 죄인 등 다양했습니다. 당시 바리새인들은 "세리와 창녀와 사마리아인들에게는 거짓말을 해도 죄가 되지 않는다."고 말할 정도였다고 합니다. 그러나 예수님은 이들과 항상 가까이하셨습니다.

"바리새인과 서기관들이 예수께서 죄인 및 세리들과 함께 잡수시는 것을 보고 그의 제자들에게 이르되 어찌하여 세리 및 죄인들과 함께 먹는가. 예수께서 들으시고 그들에게 이르시되 건강한 자에게는 의사가 쓸 데 없고 병든 자에게라야 쓸 데 있느니라. 나는 의인을 부르러 온 것이 아니요 죄인을 부르러 왔노라 하시니라."(마가복음 2:16_17)

우리 주위에 죄인과 사마리아인과 같은 소수자가 얼마나 보이나요? 우리는 얼마나 그들을 사랑하고 섬기고 있을까요? 우리의 일상에서 가까이 접하지 못한다고 해도 각종 대중매체나 SNS에 소수자에 대한 뉴스가 올라오면 어떻게 바라보고 있나요? 혹시 바리새인과 서기관들처럼 소수자를 혐오하거나 정죄하고 있지는 않은가요? 예수님은 소수자를 혐오하거나 차별하지 않았으며 그들을 정죄하지도 않았습니다. 세리의 집에서 밥을 먹었고 죄인들과 포도주를 마시며 그들과 함께하셨습니다.

우리는 모두 소수자입니다

우리가 사는 사회는 끊임없이 변화하고 분화되고 있습니다. 많은 직업이 사라지고 새로운 직업이 만들어지고 있습니다. 가족의 형태도 바뀌어가고 1인 가구가 빠르게 증가합니다. 스마트폰은 미국의 애플을 쓰고, 주로 사용하는

SNS 앱은 페이스북과 인스타그램으로 한국에서 만든 것이 아닌 미국에서 제작된 것들이고, 미국에서는 한국기업이 만든 냉장고와 세탁기, 자동차를 사용하고 있습니다. 글로벌한 소비시대에서 살고 있는 것입니다. 또한 온라인과 오프라인에서 외국인과 접촉하는 빈도수도 증가하고 있습니다. 우리가 만나는 사람들의 생각과 가치는 다양해지고 있으며, 소통하는 사람들의 유형도 다양해지고 있습니다. 한반도에 발을 딛고 살고 주로 만나는 사람이 한국인이지만 언제 어디에서 새로운 문화와 가치에 부딪힐지 알 수 없는 세상에 살고 있습니다. 내가 한국에서 소수자가 아니면 소수자에 대해 몰라도 될까요? 그렇지는 않습니다. 비행기를 타고 한국 땅을 벗어나는 순간부터 우리는 소수자입니다. 해외에서 만나는 사람들은 대부분이 영어권이나 스페인어권이어서 한국어를 알지 못합니다. Korea에서 왔다고 하면 북한으로 생각하는 외국인도 많습니다. 때때로 해외에서 한국인은 인종차별적 혐오의 대상이 되기도 하고 심한 경우는 폭행을 당하기도 합니다.

자세히 둘러보면 일상에서 만나는 사람들의 상당수가 소수자입니다. 길을 지나면서 여성과 어린이는 수없이 만납니다. 조금만 관심을 가지고 보면 전동휠체어를 타고 가는 노인과 장애인도 볼 수 있습니다. 소수자라고 의식하며 만나지 않을 뿐 소수자가 없는 사회는 없습니다. 한걸음 더 나아가서, 동성애자나 다문화가정, 외국인은 인구수가 절대적으로 적기 때문에 주위에서 보기 어려울까요? 반드시 그렇지는 않습니다. 그들이 자신을 드러내고 사회적으로 활동할 수 있는 영역이 많지 않기 때문에 접할 수 있는 기회가 적을 뿐입니다. 그리고 우리가 그들을 어색하거나 낯선 시선으로 바라보는 이상 자신을 있는 그대로 표현하기 어렵습니다. 우리가 조금만 다가선다면 그들은 평범한 한 사람으로 만나게 될 것입니다. 저는 휠체어를 타고 다녀서 가족이나 친구들의 도움을 받을 때가 많습니다. 한 번은 제 친구가 이런 말을 한 적이 있습니다. "네가 장애인이라는 걸 자주 까먹어." 그래서 저는 웃으며 이렇게 대답했습니다. "가끔은 내가 장애인이라는 걸 알아줘." 자주 보고 자주 만나면 그가 소수자이든 어떤 사람이든 서로 다르지 않다는 사실을 알게 됩니다.

우리는 소수자에 대하여 관심을 가져야 합니다. 나의 가족이 여성 혐오의 피해자가 될 수 있고, 가장 친한 친구가 동성애로 고민 중에 있을 수도 있습니다. 무엇보다 우리 자신도 언제 소수자의 입장에 서게 될지 아무도 알 수 없습니다. 사람이 가지고 있는 입장이나 관계는 언제 바뀔지 모릅니다. 비록 지금은 다수자의 위치에 서있을지 모르지만 우리 자신, 또는 가장 소중하게 여기는 가까운 사람들이 언제 소수자의 입장에서 난처한 상황 속에 있을지 알 수 없습니다. 소수자는 생각보다 우리 가까운 곳에 있다는 사실을 기억해야 합니다.

　　사회 전반에 걸쳐 소수자의 사회진출을 도모하는 노력이 진행되고 있습니다. 회사에서 여성 재용을 늘리고 국회에서는 여성 정치인 비율을 높이고 있습니다. 공사나 지자체를 중심으로 장애인 채용을 확대하고 있으며 블라인드 채용이 도입되면서 성차별이나 학벌 차별이 이루어지지 않도록 하고 있습니다. 사회가 차별의 벽을 허물어 가면서 소수자의 사회참여와 활동영역이 늘어나고 있습니다. 그러나 이러한 변화를 반기지 않는 사람들도 있습니다. 다 같이 먹고살기 힘든데 왜 특정 대상에게 인센티브를 주는가 묻습니다. 이것은 오히려 역차별이라 주장합니다. 특히 여성의 사회진출이 눈에 띄게 향상되면서 젊은 남성들은 상대적으로 차별을 받고 있다고 느끼고 있습니다. 단적으로 남성은 군복무를 해야 하는데 여성은 그 사이 공부하고 스펙을 쌓아 취업의 기회를 가지고 승진도 빠르다는 것입니다. 또 다른 한편에서는 제주도에 예멘 난민이 입국했을 때 많은 주민들이 반대했습니다. 그 이유 중 하나는 "우리들도 먹고살기 힘든데 누구를 도와주겠느냐"였습니다. 오랜 시간 안정적으로 누려왔던 공간에 다른 누군가가 들어온다면 그만큼 자신들의 자리를 빼앗길 수 있다는 위기감을 가지게 됩니다. 이러한 주장들에는 소수자의 자리가 커질수록 다수자의 자리가 좁아진다는 생각이 자리잡고 있는 것입니다. 그래서 다수자가 불평등해지고 역차별을 받는다는 논리입니다. 과연 그럴까요? 이에 대한 대답은 다음에서 찾아볼 수 있습니다.

> 누구의 삶이 더 힘드냐 하는 논쟁은 결론을 내리기 어렵다. "모두가 똑같이 힘들다"는 말도 맞지 않다. 그보다는 서로 다르게 힘들다고 봐야 한다. 불평등한 구조에서는 기회와 권리가 다르게 분배되고, 그래서 다르게 힘들다. 여기서 초점은 서로 다른 종류의 삶을 만드는 이 구조적 불평등이다. "너와 나를 다르게 힘들게 만드는 이 불평등에 대해 이야기하자"는 공통의 주제로 이어져야 한다.
>
> (선량한 차별주의자, 김지혜 교수)

우리는 의도적이든 의도적이지 않든 간에 다수자가 살기 편한 사회에서 살고 있습니다. 장애인보다는 비장애인이, 다문화가정과 외국인보다는 한국인이, 동성애자보다는 이성애자가, 여성보다는 남성이 더 많은 기회와 권리를 가집니다. 이러한 구조적 불평등은 다수자가 사회의 표준화가 되어 법적, 제도적, 사회·정서적으로 오랜 시간 자리 잡았기 때문입니다. 평상시 대부분의 사람들이 소수자를 혐오하거나 차별하지 않는다고 느끼는 것은 다수자가 살기 편리한 사회, 그래서 소수자가 잘 보이지 않는 세상에 살고 있기 때문입니다. 이러한 다수자 중심의 사회는 소수자에 대한 보이지 않는 투명하고 두꺼운 벽, 즉 구조적 불평등이 단단하고 높게 만들어져 있어 당연히 가져야 할 인간으로서의 권리조차 무시되고 그들의 노력마저 인정받지 못합니다. 그리고 성희롱·성추행에 대한 여성들의 미투 운동(#METOO), 비정규직 근로자들의 고공농성, 동성애자 관련 차별금지법 반대운동 등에서 볼 수 있듯이 다수자의 욕망과 기준에 휘둘리거나 억압되어 누구나 누릴 수 있는 일상과 존엄성이 무너지기도 합니다.

어울림으로 하나 되는 세상

한국 사회는 단기간에 세계적으로 볼 수 없는 경제성장을 이룩했습니다. 하지만 경제성장이 사회 모든 구성원으로 하여금 평등한 인권을 가지고 자유롭게 살 수 있도록 해 준 것은 아닙니다. 각종 매체와 SNS에 비친 세상은 누구나 원하는 것을 가진 것처럼 보이고 누구나 바라는 것을 누리고 있는 것처럼 보이지만 소수자에게는 꿈같은 이야기일 뿐입니다. 다행히도 우리 사회의 다양한 영역에서 소수자에 대한 관심과 그들에게 주어진 불평등에 관한 구체적인 논의와 개선이 조금씩 이루어지고 있습니다. 하지만 소수자에 대한 사회적 담론은 여전히 부족한 상황이며 상당한 시간이 필요해 보입니다. 다양한 사회단체들과 각계각층의 시민들이 모여 소수자 문제를 공론화하고 소수자들의 이야기에 귀를 기울여야 함에도 일방적인 반대와 혐오로 인해 앞으로 나아가지 못하고 있습니다.

〈〈자유론〉〉에서 존 스튜어트 밀은 인간은 다양성을 보지 않은 채로 살아가면 다양성을 알지 못하게 되고 획일화된 삶의 형태에서 벗어나는 모든 것들은 불경스럽고 비도덕적이며, 기괴한 것으로까지 여겨지게 된다고 강조합니다. 사람은 누구나 존엄성을 가진 한 인간으로 살아갈 권리가 있습니다. 나와 다르다고 해서 상대방이 가지고 있는 인간의 존엄성이 상실되는 것은 아닙니다. 혐오와 차별은 같은 인간으로서 바라봐야 하는 시선을 왜곡하고 무너뜨립니다. 우리 모두 각자에게 추구하는 가치와 고유한 생각이 있듯이 상대에게도 자신만의 가치와 생각이 있습니다. '나도 어딘가에서는 소수자가 될 수 있어'라는 열린 태도와 '소수자도 나와 동일한 사람'이라는 평등의 가치를 가지고, '삶의 다양성과 서로의 다름'을 받아들이며 살아간다면, 혐오와 차별로 고통받는 이들은 줄어들 것이고 자신이 어떤 모습을 지녔을지라도 스스로 꿈을 실현하며 살게 될 것입니다.

저는 장애(handicap)를 '모든 사람이 가지는 수많은 개성 가운데 하나'로 봅니다. 같은 얼굴을 가지고, 같은 신체구조를 가진 사람이 없듯이 장애는 우리가 흔히 볼 수 있는 '서로 다름의 한 형태'일 뿐입니다. 소수자도 이와 같습니다. 한 개인의 성격이 개성을 가지는 동시에 모두 다른 것처럼, 살아가는 방법(문화)이 다르고, 성(sex)이 다르고, 부(wealth)의 정도가 다르고, 얼굴색이나 민족이 다르고, 성장한 지역의 기후와 역사, 종교도 다릅니다. 이러한 다름은 당연한 '다름'이고 자연스러운 '다름'입니다. 다름은 혐오와 차별이 될 수 있는 대상이 아니며, 옳고 그름의 기준을 적용할 수 없습니다. 다름은 개성, 즉 독특한 특성을 보여주며 사람들이 가지는 다름의 종류와 가지 수는 끝이 없습니다. 이 무한의 다름은 무한의 다양성을 보여주고 이 다양성 안에서 한 개인을 바라본다면 우리는 누구나 소수자입니다. 그냥 소수자가 아닙니다. 독특하고 개성 있는 소수자입니다!

제가 대학에 다니던 때 장애인 특례입학이 시행됨으로 장애 후배들이 많이 들어왔습니다. 이전에는 제가 유일하게 대학에서 휠체어를 타고 다녔는데 이후에는 휠체어를 캠퍼스에서 흔하게 볼 수 있게 되었습니다. 시각장애 친구와 팔을 끼고 가는 동기생의 모습, 후배의 휠체어를 밀어주는 선배의 모습, 목발을 짚고 천천히 걷는 장애 학생 옆에서 보폭을 맞추며 가는 친구의 모습을 매일 보았습니다. 저는 종종 후배가 타는 전동휠체어를 붙잡고 캠퍼스를 산책하기도 했고, 어떤 비장애 선배는 제 수동휠체어 뒤에 매달려 가파른 내리막길을 신나게 달리기도 했습니다. 장애학생과 비장애 학생이 어우러져 지내는 캠퍼스 풍경은 한 폭의 멋진 수채화와도 같았습니다. 혐오와 차별이 없이 모두가 함께 "어울림으로 하나 되는 세상"은 이처럼 평화롭고 아름답습니다. 여성, 다문화가정, 외국인, 성소수자, 아이들, 그리고 다른 모든 소수자들이, 오래전 제 눈앞에 펼쳐졌던 이 멋진 캠퍼스 장면처럼 우리 사회에서도 언젠가는 모두가 함께 어울려 하나 되는 모습을 볼 수 있기를 꿈꿔봅니다.

> "화평하게 하는 자는 복이 있나니 그들이 하나님의 아들이라 일컬음을 받을 것임이요."(마태복음 5:9)

사람에게 '다름'은 어떤 조건이 되고 그 조건에 따라 받아들여지거나 배제되기도 합니다. 그러나 하나님의 평화는 모든 조건들을 넘어설 수 있습니다. 예수님은 인간이 가진 죄악뿐 아니라 부요와 가난, 장애와 비장애, 건강과 질병, 나이, 성, 인종 등 모든 것을 허물고 사람들에게 다가왔습니다. 또한 그분은 자신이 가진 어떤 조건으로 사람들에게 인정받으려 하지 않았으며, 사람들에게 어떤 조건을 제시하여 죄 사함을 받게 하거나 천국을 전하지 않았습니다. 그리스도인은 모든 조건을 넘어서서 세상을 평화롭게 하는 자로 부르심을 받았습니다. 보이는 모습이 어떠하든, 가진 것이 어떠하든, 어느 지역에서 살았든, 그 무엇이든지 간에 가지고 있는 조건은 결코 중요하지 않습니다. 중요한 것은 우리가 같은 세상에서 많은 사람들과 더불어 살고 있다는 것, 그리고 사람들 사이에 혐오와 차별이 아닌 평화를 선택하고 그들과 어울리며 살 수 있다는 것입니다.

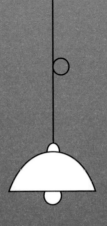

　해외에 나가서 예수 그리스도의 이름으로 어려운 사람들을 위해 일하는 것은 많은 기독교인들의 소원입니다. 한국에서 공무원으로서 안정된 삶을 내려놓고 아시아와 아프리카 각국에서 10년이 넘는 기간 동안 NGO 활동가로 살아온 글쓴이의 이야기를 들으며 나의 비전을 다시 한번 되짚어보고 먼 곳에 나가지는 못해도 오늘 내가 할 수 있는 지구촌을 위한 일은 없는지 생각해봅니다.

4교시 글로벌 이슈

슬기로운 지구촌 생활
-국제개발과 협력-

손수진

전 굿네이버스 케냐 지부장

국제개발에 대하여

저는 국제개발 활동가라고 불리는 일을 하고 있습니다. 빈곤이나 분쟁, 자연재해로 고통받는 개발도상국 사람들이 더 나은 삶을 살 수 있도록 원조하는 모든 활동이라고 보면 됩니다.

이 일을 하기 전에는 시골에서 사회복지 공무원으로 근무했습니다. 점심시간에 면사무소 맞은편 식당에서 동료들과 밥을 먹고 있을 때였습니다. 텔레비전에서 낯선 국가가 메인 뉴스를 장식하고 있었습니다. 몇 개월 전 미국에서 동시다발 테러가 발생하여 뉴욕 세계무역센터와 국방부가 공격을 받아 수천 명이 사망했고 미국은 테러와의 전쟁을 선포한 후 그 배후자가 숨어있다는 이유로 아프가니스탄에 대대적인 공격을 감행했습니다. 난민들이 대거 발생했고 이슬람 전통복장에 수염을 기른 남자들과 푸른 천을 머리에 뒤집어쓴 여인들이 난민촌에서 식량을 받기 위해 긴 줄을 서서 기다리고 있었습니다. 직원들이 저런 나라도 있냐고 했고 저도 처음 들어보는 국가여서 저런 곳에서 살면 어떨지 궁금하다고 했더니 남자 직원들과 식당 아줌마가 황당하다는 듯 쳐다보며 웃었습니다.

정확히 2년 후 순간이동을 한 것처럼 저는 바로 그 나라에 도착했습니다. 그 당시 아프가니스탄은 전쟁이 끝난 직후여서 피란민들이 고국으로 돌아가고 있었습니다. 하지만 대부분 고향이 아니라 도시 슬럼으로 들어왔습니다. 고향인 시골에 가봤자 폐허가 되어버린 곳에서 당분간 농사짓기도 힘들 것이고 도시에 있어야 잡일이라도 해서 입에 풀칠할 수 있는 것이죠. 아프간 사람들은 대부분이 이슬람교를 믿는데 일부 테러조직들 외에는 사람들이 정말 순박합니다. 이들은 한번 좋은 관계를 맺고 나면 충성스러울 만큼 의리를 지킵니다. 그리고 손님 접대를 잘해서 다 쓰러져가는 집을 방문했는데 주인이 차를 끓여서 내놓을 정도였습니다. 지구 상에 이런 곳이 다 있구나 하는 생각이 들었습니다. 폭격으로 무너져 내린 건물 안에서 사는 과부와 어린애들, 부르카라는 푸른 천으로 온몸을 가리고 다니는 여성들, 지뢰로 팔다리가 없는 장애인들, 더러운 헝겊으로 차를 닦고는 돈 달라고 손 내미는 대여섯 살 아이들, 공동수도에서 자기보다 더 큰 물통으로 물을 길어 나르는 어린아이들, 태어나자마자 영양부족으로 죽는 아기와 산모들. 너무 혹독해서 도저히 살 수 없어 보이는 환경 속에서도 담담히 살고 있어 그동안 제가 살아온 삶이 미안할 정도로 안타깝고 심각한 상황들이 많았습니다. 저희 단체는 그곳에서 도시빈민들을 위한 구호와 교육, 보건의료사업 등 원조 활동을 진행하였습니다.

저희들의 이런 활동은 전문용어로 말하자면 국제개발협력 분야에 속합니다. 선진국과 개발도상국 간의 빈부격차를 줄이고 개발도상국의 빈곤문제를 해결하기 위한 국제사회의 노력과 활동을 일컬으며 국제원조, 해외원조 같은 용어도 있으나 최근에는 개발도상국과의 파트너십을 통한 협력이 강조되면서 국제개발협력이라는 용어가 주로 사용되고 있습니다. 원래 국제개발협력의 주체는 개발원조위원회(Development Assistance Committee, 이하 DAC)에서 출발합니다. OECD(Organisation for Economic Cooperation and Development, 경제협력개발기구)는 자주 들어보셨을텐데요, DAC은 바로 그 OECD의 산하 기관입니다. OECD 국가 중에서 차관을 제공하는 국가로 원조 선진국 그룹으로 불리며 공적개발원조(Official Development Assistance, 이하 ODA)를 제공합니다. 공적개발원조란 정부를 포함한 공공기관이 개발도상국의 경제발전과 사회복지 증진을 목표로 제공하는 원조로 개발도상국 정부 및 지역에 제공되는 자금이나 기술협력을 말합니다. DAC 외에도 국제개발협력에 많은 기관단체들이 참여하고 있습니다. UN과 그 산하의 전문기구는 회원국들이 제공하는 분담금으로 국제개발협력에 적극적인 활동을 펼치고 있으며 최근에는 기업 또한 경영활동이 국제화되면서 개발도상국의 빈곤, 교육, 보건 등 여러 분야에 기여활동이 증가하고 있는 추세입니다. 기업이 수익의 일부를 사회에 환원함으로써 사회발전에 기여하는 활동을 기업의 사회적 책임(Corporate Social Responsibility, 이하 CSR)이라고 합니다. 기업이 CSR 활동을 자체적으로 현지에서 수행하기도 하고 공공기관이나 민간단체와 파트너십으로 수행하기도 합니다. 특별한 목적을 위해 설립된 민간재단 역시 국제개발협력에 참여하고 있습니다. 대표적으로는 요즘 활발하게 활동하고 있는 빌&멜린다 게이츠 재단(Bill & Melinda Gates Foundation)이 있습니다. 마지막으로 개발 NGO 또한 국제개발 이슈와 정책에 큰 영향력을 미치고 있습니다. NGO(비정부기구, Non Governmental Organization)는 개발도상국의 빈곤과 재난에 기여하는 비정부 비영리기관을 말합니다. 대표적으로 옥스팜, 월드비전, 굿네이버스 등이 있으며 이런 단체들은 세계적인 조직망을 갖추고 활발히 활동하고 있습니다. 제가 바로 개발 NGO(굿네이버스)에서 활동한 케이스로 제 경험에 근거하여 설명드리겠습니다.

구호사업과 개발사업

개발 NGO에서 하는 활동은 크게 구호사업과 개발사업으로 나뉩니다. 구호사업은 지진이나 홍수, 기근, 전쟁 등이 발생했을 때 신속하게 구호품과 시설 등 당장 필요한 식량이나 식수, 생필품 지원에서부터 의료 처치, 주거 등 기반시설까지 지원하는 보다 긴급을 요하는 활동을 말합니다.

국제개발협력의 주체

*OECD DAC - 개발원조위원회
(Development Assistance Committee)
⟶ ODA를 제공

*UN과 산하전문기구

*기업(CSR)

*특수목적 민간재단

*개발 NGO

개발 NGO 활동

구호사업   개발사업

지진 홍수 기근 전쟁   교육 보건 식수 위생 노득
     신속하게
의료 주거 기반시설   삶의 질을 높이는 일
     긴급   장기
심리상담 아동 프로그램   지역주민과 협력

최근에는 심리상담, 아동미술/음악치료 등도 지원하면서 보다 전문화, 세분화되고 있습니다.

개발사업은 지역사회의 삶의 질을 높일 수 있는 보다 장기적인 사업으로 주민들의 의견을 반영하기 위한 사전 조사를 통해 현장의 필요를 파악하고 이를 적극적으로 사업에 적용합니다. 단체의 전문성에 따라 영양 프로그램이나 교육 프로그램 등 한 두 가지 분야를 집중적으로 운영하는 곳도 있지만 보통 교육, 보건, 식수위생, 소득증대 등 통합적인 사업으로 함께 이루어지는 경우가 많습니다. 깨끗한 식수를 위해 주민들과 함께 우물을 파기도 하고 학교가 없는 지역엔 학교 건축을, 치료받지 못하는 환자들을 위해 보건소를 세우기도 합니다. 가난한 주민들에게 농업기술훈련과 종자, 가축을 지원하여 농가소득 향상에 기여하기도 하고 아동과 여성 등 취약계층의 권리보호를 위해 주민과 학부모, 교사 등을 대상으로 한 교육사업을 실시해 인식개선을 도모하기도 합니다. 물론 이 사업을 위해서는 지역 정부나 현지 파트너와 상호 협력해야 하고 비용 마련을 위한 홍보활동, 예산 집행 모니터링, 지역사회의 변화 여부를 바탕으로 한 평가 등 보다 세부적인 행정절차가 있지만 무엇보다 중요한 것은 이 모든 과정에서의 주민참여와 의사 반영입니다. 지역개발의 주체는 사업비를 집행하는 기관이 아니라 지역주민이어야 하기 때문입니다. 지역사회가 자립적으로 변화를 이끌어

나갈 수 있도록 지속 가능한 사업을 하려면 지역주민의 적극적인 참여와 활동이 필요합니다.

국제개발과 대한민국, 초연결사회

국제개발협력은 한국의 역사와도 밀접한 관련이 있습니다. 대한민국은 1950년대 세계 최하위 빈곤국가였습니다. 전쟁 직후 많은 해외원조단체들이 한국 재건을 도왔는데 그 중 월드비전, 컴패션 등 여러분들도 들어보았을 만한 유명한 단체가 한국전쟁 때 설립되기도 했습니다. 폐허가 된 땅에 식량과 의약품 등 물품을 지원하고, 학교, 병원, 고아원 등을 짓는 등 재건에 많은 기여를 했습니다.

한국은 글로벌 국제개발협력 분야에서 모범사례로 소개되고 있습니다. 반세기 만에 원조를 받다가 원조를 하는 국가로 발전한 것은 전무후무한 일이었습니다. 게다가 눈부신 경제성장으로 세계 경제 12위, OECE 가입, 안정된 민주주의, 세계 곳곳에 불고 있는 한류 바람 등으로 국제사회에서 한국의 위상이 강화되었습니다. 그래서 한국의 국가 발전상은 모범적 성공사례로 개발도상국들의 벤치마킹 대상이 되고 있습니다. 최근 코로나19 대응 조치 관련해 외신과 해외 전문가들의 반응을 보면 상세한 데이터와 투명성, 발전된 의료시스템 등을 활용한 국제사회에서 한국의 역할에 대한 기대가 한층 높아지고 있습니다. 한국도 국제개발협력에 적극 동참하여 우리의 발전경험을 개발도상국에 적용해 보려는 시도를 꾸준하게 진행하고 있습니다. 주도적으로 활동하고 있는 한국국제협력단(KOICA, Korea International Cooperation Agency)이나 개발 NGO 뿐만 아니라 각 지자체 간의 교류협력과 새마을운동 적용사례 등 점점 범위가 확대되고 있습니다. 물론 한국형 모델이 모든 나라에 적합하다고 할 수 없고 그 나라의 사회, 경제, 문화, 국민의식 등을 고려하는 다각적이고 신중한 접근을 해야겠지만 한국은 그들에게 성공사례 경험을 나누고 적절한 원조를 제공해야 하는 책임과 의무를 지니고 있습니다.

이런 활동 이야기를 들으면 많은 분들이 국내에도 가난한 사람들이 많은데 꼭 다른 나라를 도와야 하냐고 질문을 합니다. 국가의 가난은 지도자의 부정부패와 국민들의 나태함으로 초래한 일이라고 생각하기 쉽습니다. 하지만 빈곤은 구조적인 문제에서 발생하는 경우가 대부분으로 자력으로 일어서기 힘듭니다. 물론 개발도상국 스스로도 빈곤을 탈피하기 위해 노력을 하고 있지만 선진국과의 격차는 점점 더 벌어지고 있는 게 현실입니다. 한국의 전후 복구작업에 수많은 원조 기관이 도움을 준 것처럼 전쟁이나 자연재해, 가뭄 등으로 고통받는 사람들에게 지속적으로 더 적절한 원조를 제공해야 그들도 살고 우리도 또한 살 수 있습니다. 이번에 우리는 코로나19로 인해 많은 교훈을 얻었습니다. 이제는 지구촌에서 혼자 살아남을 수 없다는 것과 모든 사람이 초연결사회(hyper-connected society, 스마트폰 등 디지털 기술로 인해 일상생활이 거미줄처럼 촘촘히 연결된 사회)로 이어져 한 사람이 다른 사람에게 바로 영향을 미친다는 것을 깨달았습니다. 이 지구촌에서 살아가는 모든 생명의 아름다운 공생방안을 모색해야 할 때라고 생각합니다. 그러기 위해서는 우선 현재 지구촌에서 어떤 일들이 벌어지고 있는지 잘 들여다봐야겠죠?

현재 지구촌엔 77억 8천 명(2020년 기준)이 살고 있습니다. 이중 10억 명의 사람들은 하루 평균 1,300원에도 못 미치는 돈으로 살아가고 있습니다. 하루 1.25달러 이하의 절대빈곤으로 살아가는 인구는 8억 명이나 되고, 100만 명에 달하는 임산부들은 출산 중 목숨을 잃고 있습니다. 이렇게 가난한 사람들은 기아와 질병, 코로나와 같은 전염병, 환경오염, 가뭄, 전쟁을 고스란히 떠안고 삽니다. 제가 근무했던 아프리카 차드라는 나라에는 세계에서 가장 큰 호수인 차드호가 있는데 현재 95%가 줄어들었고 20년 후에는 사라질 가능성이 크다고 합니다. 선진국의 산업화로 인한 지구온난화 때문이죠. 선진국의 발전이 아프리카의 가난한 나라를 점점 더 열악하게 만들고 있습니다. 이 호숫가에서 살아가는 수백만명의 사람들은 삶의 터전을 점점 잃어가고 있습니다. 이게 이 사람들의 운명이라고만 생각하기엔 너무 가혹하지 않나요?

우리는 그동안 생산과 소비를 늘리면 인류 전체가 풍요로울 거라 기대하며 살아왔습니다. 하지만 자본주의의 속성상 더 많은 이익을 창출하려면 더 많은 양과 다양화된 생산이 필요합니다. 모든 광고는 우리에게 필요하지 않아도 갓 나온 신제품을 사도록 부추깁니다. 그러자니 상품들은 단기간만 사용할 수 있게 만들어집니다. 새로운 것에 대한 우리의 욕망, 충동구매와 쇼핑중독으로 결국 쓰레기가 기하급수적으로 늘어날 수밖에 없습니다. 우리의 무분별한 소비는 결국 기후변화와 온갖 질병을 생산해냅니다. 종량제 봉투와 분리수거를 하는 것만으로 우리의 의무를 다했다고 생각하는 것은 아닐까요?

대규모 밀림들이 사라져 가고 있다는 얘기를 들어보셨죠? 밀림은 오존층을 보호하고 대기를 숨 쉬게 하는 지구의 허파 역할을 합니다. 하지만 다국적 기업들이 목재를 무분별하게 베어 숲이 파괴되고 있습니다. 거대기업들이 더 많은 고기를 생산할 목적으로 목축업 규모를 확대하고 육류소비가 급증하면서 기업형 농업경영은 살충제와 화학비료 남용을 만들어냅니다. 이로 인해 생물다양성이 퇴보하여 지난 20년 동안 5만 종 이상의 생물이 사라졌다고 합니다. 우

MDGS Millennium Development Goals

1. 빈곤퇴치
2. 초등교육의 보편화
3. 양성평등
4. 유아사망률 감소
5. 산모 건강 증진
6. HIV/AIDS 등 질병퇴치
7. 환경보존
8. 개발을 위한 국제적 파트너쉽 형성

SDGS Sustainable Development Goals

1. 모든 빈곤의 종식
2. 기아종식과 지속 가능한 농업 강화
3. 전 연령층의 건강한 삶 보장
4. 교육보장과 평생학습
5. 성평등 달성과 여아의 권익신장
6. 모두를 위한 물과 위생 보장
7. 지속가능한 에너지에 접근 보장
8. 포용적 경제성장 생산적 고용 양질의 일자리 증진
9. 사회기반시설 구축, 산업화 증진과 혁신
10. 국내 및 국가 간 불평등 감소
11. 포용적이고 지속가능한 도시와 주거지 조성
12. 지속가능한 소비와 생산 양식의 보장
13. 기후변화에 긴급 대응
14. 해양자원의 보전과 지속가능한 이용
15. 육상생태계 보호, 사막화 방지, 생물다양성 손실 중단
16. 평화, 정의, 효과적이고 포용적인 사회제도 구축
17. 이행수단 강화, 파트너쉽 재 활성화

리가 그동안 아무 생각 없이 먹은 치킨, 삼겹살, 불고기는 오존층 파괴에 얼마나 영향을 미쳤을까요? 인류 전체가 서구 국가들 수준의 물질적 풍요를 누리려면 지금보다 5배나 많은 자연자원이 필요하다고 합니다. 지금까지 파헤쳐져 신음하고 있는 지구가 앞으로 얼마나 더 견뎌낼 수 있을지 아무도 모릅니다.

MDGs와 SDGs

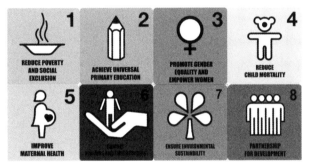

<MDGs 8가지 목표>

지구촌에는 환경문제 말고도 수많은 문제들이 산재해 있습니다. 빈곤, 기아, 문맹, 질병, 성차별 등과 같은 문제의 공통점은 어느 한 국가가 해결할 수 없다는 것입니다. 이런 전 지구적 문제 해결을 위해 UN에서는 공동의 책임의식을 갖고 2000년 9월 새천년개발목표(Millennium Development Goals, 이하 MDGs)를 만들었습니다. 밀레니

엄 선언이라고도 일컫는 MDGs는 55차 유엔총회에서 189개국 정상들이 2015년까지 15년 동안 빈곤감소, 보건개선, 교육개선, 성평등, 환경보호 등 지정된 8가지 목표를 실천하여 함께 문제를 해결하기로 한 결의입니다. UN과 국제기구, 개발 NGO, 시민단체 등 각계에서 이 목표를 달성하기 위해 많은 노력을 기울였습니다.

MDGs의 첫 번째 목표는 역시 '극심한 빈곤과 기아의 탈출'입니다. 제가 단체에서 일할 때도 주민들과 함께 빈곤 극복을 위해 여러 가지 프로그램을 시도했습니다. 소득증대사업으로 주민들에게 염소, 오리, 소 등 가축을 제공하면 주민들이 잘 사육해서 높은 가격에 팔기도 하고 지역 여성그룹을 통해 젖소를 제공하면 여성들이 우유를 짜서 판매하여 소득을 향상시키기도 했습니다. 소득증대 프로그램에 여성들을 적극적으로 참여시키는 이유는 성평등에도 기여하지만 남성에 비해 더 성실하고 책임감도 높아 성과가 좋기 때문입니다. 시골지역에서 농민조합을 구성해 조합원들에게 종자(콩이나 수수 같은 저장성 높은 작물)와 비료를 제공하고 전문가를 투입하여 기술적인 방법을 지원하면 수확량이 훨씬 좋아졌습니다. 그리고 중간상인에게 수확량 전체를 넘기기보다는 마을 창고에 저장했다가 작물 가격이 오를 때 판매하여 수익을 향상시킬 수가 있었습니다. 하지만 소득증대사업이 항상 성공한 것은 아니고 실패의 경험도 많습니다. 조류독감으로 오리나 닭이 집단 폐사하기도 하고 콩 농사를 시작했는데 질병이 돌아 수확량이 떨어지기도 합니다. 결코 쉽지 않습니다. 하지만 실패를 통해서 많이 배우게 되고 끊임없이 시도하고 연구하여 지속 가능한 사업으로 이어지면 주민들의 생활환경이 훨씬 좋아질 수 있습니다.

아프리카에는 아직도 학교가 없는 지역이 많고 교육을 받아본 적이 없는 아동들도 많이 존재합니다. MDGs 두 번째 목표인 보편적 초등교육 제공은 그런 아이들에게 교육의 기회를 주는 것입니다. 아프리카에는 짚으로 엮어서 지은 농막 같은 학교도 있고 주민들이 진흙으로 직접 구운 벽돌로 지어진 학교도 많습니다. 짚으로 엮은 학교는 비가 오면 수업을 할 수가 없고 진흙 벽돌 학교는 홍수가 나면 다 무너져내려 다시 흙벽돌을 구워 보수해야 합니다. 학교가 없는 곳에 학교를 건축하고 열악한 환경의 학교 건물을 개보수하거나 재건축하기도 합니다. 책걸상 없이 흙바닥에 쪼그리고 앉아서 공부하는 아이들도 많고 교과서는 아주 귀합니다. 그런 학교에 책걸상을 지원하고 아이들에게 교과서와 교복, 학용품, 장학금도 지원하고 교육의 질을 높이기 위해 교사훈련도 했습니다. 한 가지 신기한 일은 학교 건축을 하고 나면 전교생 숫자가 계속 증가합니다. 사전에 미리 교실을 넉넉하게 건축했는데도 어느새 교실이 모자라는 경우가 흔하게 발생합니다. 그동안 학교에 다니지 못했던 골짜기에 사는 아이들이 한 시간씩 걸어서 오기도 하고 여러 가지 이유로 학업을 중단했던 아이들의 부모들도 다시 학교에 보내기도 합니다. 이렇게 학교는 지역사회가 변화될 수 있는 구심점 역할을 하는 의미 있고 중요한 곳입니다.

세 번째 목표인 성평등 이슈는 예전에 비해 많이 나아졌다지만 일부 국가는 여전히 열악합니다. 혹시 FGM(Female Genital Mutilation)이라고 들어본 적 있으신가요? 생식기 일부를 절개하는 아프리카 여성할례 의식입니다. 공식적으로는 금지되어 있지만 시골에서는 몰래 행해지고 있습니다. 세계보건기구의 조사에 따르면 30개국 2억 명의 여성할례 피해자가 있으며 소말리아의 경우 98%가 할례를 시행했다고 합니다. 상당수의 여성들이 할례 후유증으로 사망 혹은 불구가 되거나 평생 고통받으며 살고 있습니다. 할례 받지 않은 여성은 불결하고 방탕한 사람으로 취급하는 문화와 전통은 여성인권의 현실을 유감없이 보여주고 있습니다. 아프리카뿐만 아니라 아시아 일부 국가도 10대 중후반에 결혼시키고 결혼 후 학교를 보내지 않습니다. 아이 낳아 키우고 집안일만 시켜 아무리 똑똑하고 공부를 잘해도 결혼 후 학업을 중단할 수밖에 없는 안타까운 사연들이 많았습니다. 특히 이슬람권 시골지역은 여성이 농사일 외에 다른 직업을 가지기 어렵습니다. 그래서 제가 그런 지역에는 행사가 있을 때 빠지지 않고 참석을 합니다. 외국인에다 여성이니 다들 신기하게 쳐다봅니다. 저는 여학생들에게 더 많은 장학금을 수여하면서 이슬람 마을 어르신들 앞에서 강조합니다. 먼 훗날 이 여학생들을 잘 교육시켜서 나처럼 지부장이 되거나 국가와 지역의 리더가 될 수 있도록 여러분들이 도와달라고. 비난받을 각오로 말했는데 의외로 박수를 쳐주어서 깜짝 놀란적도 있습니다. 시골지역 같이 보수적인 곳은 한 번에 변화되기가 아주 어렵습니다. 그래서 아이들과 학부모들이 재미있고 의미 있게 볼 수 있도록 인형극 공연을 통해 성평등과 인권교육을 하기도 하고 아동클럽을 만들어 스킷드라마 공연을 통해 인식개선을 하고 있지만 앞으로도 지속적으로 오랫동안 노력해야 할 부분입니다.

네 번째와 다섯 번째 목표인 아동과 산모 사망률은 특히 아프리카에서 상당히 높습니다. 비위생적인 가정환경에서 출산하거나 전문 의료진 없이 동네 산파의 도움으로 출산하는 경우가 많습니다. 그래서 의료시설이 없는 곳에 보건소를 건축하고 정부와 협약을 통해 의료진을 파견하고 의약품을 제공합니다. 보건소 건축과 운영은 사실 쉽지 않습니다. 건물만 지으면 되는 게 아니라 전기시설이 반드시 필요한데 시골에는 전기가 없는 곳이 대부분입니다. 그래서 태양광 패널을 설치하고 백신 보관을 위한 전용 냉장고도 구비해야 하는 등 신경 써야 할 부분이 많습니다. 하지만 이런 난관에도 불구하고 보건소를 통해 백신을 안정적으로 보급하고 주요 사망원인인 설사와 폐렴, 말라리아 그리고 HIV와 AIDS를 치료하고 예방하는 적극적인 노력을 통해 산모와 아동 사망률을 낮추는 것은 매우 가치 있고 중요한 일임에 틀림없습니다.

이처럼 개발 NGO 뿐만 아니라 각국 정부와 국제기구가 MDGs 목표 달성을 위해 고군분투한 결과 절대 빈곤율이 1990년대 47%에서 2015년 14%로 감소되는 결과를 낳았습니다. 또한 하루 1.25달러 이하의 절대빈곤으로 살아가는 인구는 1990년 19억 명에서 2015년 8억 명으로 감소했고 기아로 고통받는 인구는 23.3%에서 12.9%로 감소했습니다. 초등학교 진학률은 2000년 83%에서 2015년 91%로 증가했는데 그중에서 사하라 이남 아프리카의 진학률 증가가 약 20%로 가장 큰 성과를 냈습니다. 의료 여건 개선 등으로 5세 미만 아동 사망률이 신생아 1,000명당 90 명에서 43명으로 줄어드는 등의 성과가 있었지만 MDGs 목표였던 2/3수준의 감소(30명 미만)는 달성하지 못했습니다.

MDGs가 빈곤의 다양한 양상을 고려하지 않은 채 개발도상국에서의 시급하고 기초적인 빈곤문제 극복에만 초점을 두었고 소득 수준의 개선과 같은 획일적인 차원만의 목표를 설정하였다는 점에서 전문가들의 비판을 받기도 했지만 세계 각국 정부의 정책을 개발협력활동과 연결시켜 세계에 만연한 빈곤과 기아를 막는데 기여하고, 세계시민단체들을 결집시켜 공동의 청사진을 마련하였다는데 큰 의의가 있습니다.

<SDGs 17가지 목표>

MDGs의 뒤를 이어 2015년 9월 제70차 유엔총회에서는 지속가능발전목표 (Sustainable Development Goals, 이하 SDGs)를 194개국 만장일치로 제정하였는데 이는 인류 역사상 최초로 UN 모든 회원국이 합의한 의제로 꼽힙니다. 모든 회원국들이 지속가능발전을 위해 인류의 보편적 사회문제(빈곤, 질병, 교육, 여성, 아동, 난민), 환경과 기후변화(에너지, 환경오염, 물, 생물다양성), 경제(기술, 주거, 고용, 사회구조) 등 17개 목표, 169개 세부목표를 세워 2016년부터 2030년까지 15년간 실행하는 것입니다.

MDGs와는 달리 기후, 생태계, 평화, 정의, 소비 등 개발도상국뿐만 아니라 선진국을 포함한 모든 국가에 포괄적으로 적용하는 지속가능한 개발목표입니다. 현재 SDGs는 해마다 약 3조 3,000억~4조 5,000억 달러 (3,850조~5,880조 원)의 예산을 전 세계 곳곳에 지원하고 있으며 이는 기업에도 큰 영향을 미치고 있습니다. 주요 기업이 경영 핵심가치로 삼는 지속가능경영의 글로벌 기준이 되고 있으며 양성 평등을 촉진하기 위한 리더십 역량강화 등 불평등 완화를 위한 노력도 하고 있습니다. 2030년까지 각 국가와 기관, 기업들이 얼마나 이행하고 있는지 한국은 또 어떤 부분에서 변화가 있는지 함께 관심을 가지고 살펴보면 좋을 것입니다. 자세한 내용이 궁금하신 분들은 UN 홈페이지(un.org)나 환경부 지속가능발전포털에서 더 자세한 내용들을 쉽게 찾아보실 수 있습니다.

나, 세계시민

UN과 각국 정부, 기업들의 활동과 함께 사회 구성원으로서 세계시민으로서 우리들은 어떤 노력을 해야 할까요? UN에서 정의한 세계시민이란 세계 평화와 인권, 문화 다양성 등을 잘 이해하고 생활 속에서 실천하는 사람이라고 합니다. 요즘 초등학생부터 일반인에 이르기까지 세계시민교육이 활발하게 진행되고 있습니다. 지구촌 시민으로서 공동의 가치와 책임의식을 바탕으로 어떤 시각과 자세를 지녀야 하는지 배우는 것이 바로 세계시민교육입니다. 세계시민교육에 있어서 가장 중요한 것은 인권을 이해하는 것입니다. 인간이 마땅히 누려야 할 최소한의 권리로서의 인권은 가장 기본적으로 보장되어야 하는 것입니다. 1948년 유엔총회에서 채택한 세계인권선언 1조에는 모든 사람은 날 때부터 자유로운 존재로 태어났고 한 사람 한 사람의 존엄과 권리는 모두 같다고 말합니다. 여기에는 성경에 녹아져 있는 자유, 박애, 평등, 정의의 정신 역시 담겨 있습니다. 하나님은 사람을 평등하게 창조하셨습니다. 기아에 빠져있는 이들과 난민은 불쌍해서 도와주어야 할 시혜적 대상이 아니라 인간답게 살아갈 권리를 지닌 자들입니다. 그들이 처한 상황에 깊이 공감하고 어떻게 관계를 맺어갈지 고민해 보는 것이 우리의 역할입니다.

또한 에너지, 환경, 기후변화 등 다양한 문제에 관심을 가지면서 현재 내가 할 수 있는 작은 일들을 찾아 실천해 보는 것도 중요합니다. 그리고 보다 나은 세상을 만들기 위한 개인의 참여와 노력뿐 아니라 서로 협력하는 것도 중요한데 세상은 많은 이들의 작은 노력이 모여 변화를 이루어 내기에 사람들의 지지와 연대가 꼭 필요합니다. 이미 환경을 위해 저성장 혹은 검소한 풍요를 권장하는 모임도 있고 다양한 문화, 사회계층, 연령으로 구성된 지구촌 공동체, 세계시민들이 목소리를 내고 있습니다. 여성할례와 맞서 싸우는 단체, 자연의 위협에 대항하는 그린피스, 인권을 위해 싸우는 앰네스티, 그 외에도 수천수만의 활동이 전 세계적으로 이어지고 있습니다. 개인의 힘은 약하지만 시민들이 모여 연대한 목소리는 하루기 다르게 점점 더 강력한 힘을 이끌어 냅니다. 이렇게 세계시민들은 책임의식과 실천을 통해 고통받는 우리 이웃의 어려움을 함께 풀어나가고 있습니다.

우리가 꿈꾸는 세상은 어떤 것일까요? 혼자서 잘 먹고 잘 사는 시대는 이미 지났습니다. 앞으로 인간의 노동과 재능은 공동의 선, 즉 우리 모두의 공적인 이익을 위해 사용되어야 합니다. 우리의 중요한 역할은 서로 보살피고 보호하고 서로에게 선한 영향력을 주는 것입니다. 이를 위해 당장 우리가 실천할 수 있는 것은 의외로 많습니다. 일회용품과 쓰레기 줄이기, 텀블러 사용, 수돗물/전기 아껴 쓰기, 충동구매 줄이기, 그리고 다양한 자원봉사활동도 좋습니다. 나의 재능과 능력을 필요로 하는 사람들이 주변에 많습니다. 활동이 여의치 않으면 후원하는 것도 좋습니다. NGO는 시민들의 기부금으로 운영되는 곳입니다. 적은 액수라도 매월 꾸준히 기부하면 가치와 투명성을 기반으로 하는 NGO에 큰 힘이 됩니다. 저는 인간의 능력 중 사랑을 나누며 사는 능력이 최고라고 생각합니다. 그 사랑은 다른 어떤 것과 비교할 수 없을 만큼 위대합니다. 그 크고 위대한 '사랑'을 가지고 작은 일부터 시작하는 것입니다. 어떤 일이든 사랑이 담겨있으면 결코 작은 일이 아닙니다. 여러분의 작은 결정, 작은 행동이 지구의 한 모퉁이부터 아름답게 변화시킬 것입니다.

국제개발협력이 나의 비전일까요?

기독교인들과 제 삶과 일에 대해 이야기를 나누다 보면 "제가(가족이) 이런 쪽에 관심이 참 많은데 어떻게 하면 그런 일을 하면서 살 수 있나요?"라고 물어보시는 분들이 많이 있습니다. 이 글을 읽는 여러분 중에도 하나님이 나를 국제개발현장으로 부르시는 건 아닌가 하고 생각하시는 분이 있을 것입니다. 그런 분들을 위해서 그 부르심을 확인하는 방법, 그 부르심에 응답하는 방법을 저의 경험을 비추어 말씀드리는 것으로 그 대답을 대신할까 합니다.

첫째, 하나님은 내 마음속에서 부르십니다.
저는 대학에서 사회복지를 공부하고 졸업 후 공무원 시험을 거쳐 시골지역에 사회복지직 공무원으로 파견되었습니다. 주 업무는 기초생활 수급자에게 생계비와 의료비 지원같이 적절한 서비스를 제공하고 독거노인, 소년소녀가장을 지원하는 일이었습니다. 아는 사람 없는 농촌에서 혼자 자취하면서 외롭고 힘들 때도 있었지만 도시와는 또 다른 새로운 체험들이 저를 좀 더 폭넓은 삶으로 인도했습니다. 그런데 왜 공무원을 그만두고 해외로 갔을까요? 이 일도 보람되고 나름 자부심도 있었지만 10년이 다 되어가니 자꾸 무기력하고 우울해졌습니다. 뭔가 새로운 도전을 하고 싶다는 생각으로 해외여행을 시작했고 몇 차례 해외여행을 하다 보니 관광지보다는 현지 사람들에게 좀 더 관심을 갖게 되었고 막연하게나마 나도 해외의 가난한 사람들을 위해 일하면 좋겠다는 꿈을 꾸었습니다. 그게 무슨 일인지 어떻게 시작하면 되는지 몰라서 그냥 영어공부부터 시작했습니다. 분명한 목표 없이 시작했지만 내가 준비되면 하나님이 기회를 열어주시리라 생각하며 기도했습니다. 그런데 혼자 독학을 하니 영어가 쉽게 늘지가 않았습니다. 독한 사람들만이 독학으로 성공하죠. 할 수 없이 학원도 다니고 어학연수도 다녀왔습니다. 그 후 인터넷으로 해외에서 일할 수 있는 곳을 검색하기 시작했는데 해외에서 일해본 경험이 없으니 겁이 나서 처음부터 직장 생활하기보다는 자원봉사부터 시작해보기로 했습니다. 지금도 그렇지만 국제개발단체나 코이카 등에서 주기적으로 해외봉사단원을 모집하고 있었습니다. 1년에서 2년 정도 주거비와 약간의 생활비를 지원받는데 대학생들이나 취준생들 뿐만 아니라 요즘은 저처럼 직장 생활하다 온 사람들도 꽤 많이 신청합니다. 마침 굿네이버스라는 단체에서 해외봉사단원 모집을 하길래 연습 삼아 한번 지원했는데 덜컥 합격해 버렸습니다. 걱정이 되기 시작했습니다. 철밥그릇 공무원을 사직하는 게 맞는지 모르겠고 주변에서 반대도 심했습니다. 기도를 해도 이게 주님이 예비하신 길인지 확신이 없었습니다. 이거 해라, 저거 해라 이렇게 직접적으로 말씀해 주시면 좋을 텐데 하나님은 대부분 안 그러시죠. 어머니가 반대하시면 단념하겠다고 마음먹고 마지막으로 말씀드리니 "주께서 시키시는 일이면 엄마가 반대할 수 없다"라는 답변을 받았고 하나님이 환경을 열어주시는 콜링으로 받아들였습니다. 일상의 우울함에서 벗어나고자 시작한 해외여행, 그곳에서 내 마음속에 자리 잡은 현지 사람들, 막연하지만 내 마음속에 자라 가는 생각들이 이제 와서 돌아보면 하나님의 부르심이 아니었나 생각해 봅니다.

둘째, 내가 잘할 수 있는 곳에 부르십니다.

해외 자원봉사를 지원할 때 파견 갈 국가들 중에서 본인이 우선순위를 선택할 수 있었는데 몇 개 국가 중 아프가니스탄이 눈에 들어왔습니다. 다른 국가보다 열악해서 왠지 아무도 신청을 안 할 것 같았습니다. 지금도 그렇지만 그 나라는 자살폭탄테러가 자주 발생하고 전쟁도 막 끝난 상태였죠. 하지만 왠지 그곳에 가야만 할 것 같은 생각이 들었습니다. 저는 아무 망설임 없이 1순위를 아프가니스탄으로 정하고 다른 국가는 선택하지 않았습니다. 남들은 제가 겁을 상실했다고 하는데 사실 걱정 근심을 달고 사는 성격입니다.

어차피 해외 가면 고생하는데 화끈하게 고생하고 오면 이 소심한 성격이 대담무쌍하게 변화될 것 같다는 다소 비현실적인 기대도 있었습니다. 사실 타고난 성격은 웬만해선 잘 안 바뀌죠. 그리고 솔직히 소심한 성격이 일을 잘합니다. 걱정이 많아 자꾸 들여다보면서 체크하니 업무 완성도가 높을 수밖에 없죠. 소심한 성격들 파이팅~

이곳에서 저희 단체는 도시빈민 아이들을 위해 교육 프로그램을 지원하고 가난한 산모들을 위한 무료 초음파 진단센터를 운영하고 있었습니다. 제 업무는 긴급구호사업으로 식량과 의류 보급도 하고 학교에 교과서와 학용품 배분도 했지만 주 업무는 지부 행정과 회계 부분을 시스템화해서 현지 직원들이 잘 활용할 수 있도록 하는 것이었죠. 외국인인 우리가 앞장서서 모든 것을 진두지휘하기보다는 현지 직원들이 중심이 되어 일할 수 있도록 훈련하고 지원하는 역할에 중점을 두었는데 우리가 떠나도 현지인 중심의 리더십이 계속 이어질 수 있도록 하는 게 목표였죠. 공무원 때 딱딱하고 재미없게 여겨졌던 행정업무가 요긴하게 잘 쓰였고 무엇보다 소심하지만 디테일에 강한 성격이 분산되어 있는 여러 일들을 묶어 정리하고 시스템을 만드는 일에 잘 맞았던 모양입니다.

셋째, 내가 준비해야 하고, 나를 준비시키십니다.

아프간에서의 봉사활동을 했던 1년 동안은 제 자신을 테스트하는 중요한 시기였습니다. 해외생활에 적합한지 신체적, 정신적으로 잘 적응하는지 그리고 이 일을 재미있어 하고 적성에 맞는지, 현지인들과 잘 어울리는지 등을 점검했고, 다행히 모든 게 저와 잘 맞았습니다. 다시 이곳에 와서 본격적으로 일해야겠다고 결심하고 한국으로 돌아왔습니다. 내 마음이 시키는 곳으로 와서 맡겨진 일을 잘 해냈으니까 저는 사실 자원봉사 후에 금방 그 단체가 저를 채용할 줄 알았습니다. 그런데 소식이 없더군요. 새로운 직장을 찾아야 할 것 같아서 여기저기 알아보는데 잘 안되다 보니 하나님이 막으시는 것 같다는 생각이 들었습니다. 하는 수 없이 부족한 부분을 좀 더 훈련해야겠다는 생각으로 영어 합숙 훈련원에 들어갔습니다. 그동안 공부했던 영어실력으로는 역부족이었기 때문이죠. 아프간에서 한 번은 치안 관련 UN 미팅을 갔는데 30%도 알아듣기 힘들어서 땀을 뻘뻘 흘렸던 때가 있어서 영어실력 향상의 필요성을 느끼고 있었습니다. 그리고 선교훈련도 받았습니다. 선교사가 되기 위해서라기보다는 기독교인으로서 비전을 어떻게 세우고 부족한 신앙을 어떻게 재정립해야 하는지, 해외에서 어떤 마인드와 자세로 일해야 하는지 배우고 싶었기 때문이죠. 신기하게도 훈련 거의 막바지에 굿네이버스에서 연락이 왔고 해외파견 직원으로 다시 아프간으로 돌아갈 수 있었습니다. 하나님은 제가 준비되기를 기다리셨던 것 같습니다.

넷째, 제가 이렇게 부르심을 따라 나아갔을 때 하나님은 나의 경험들을 통해 일하셨습니다.

공무원과 국제개발 활동 이 두 가지 일을 하는데 많은 도움이 되었던 것은 저의 어린 시절 경험이었습니다. 초등학교 2학년 때 아버지가 돌아가시고 가족들은 달동네로 이사를 했습니다. 작은 가게가 딸린 집에서 어머니는 떡볶이 장사를 하셨죠. 학교 마치고 집에 오면 저는 설거지를 도와야 했고 우리 집이 너무 창피해서 뒷문으로 집에 들어가기도 하고 설거지하기 싫어서 늦게 집에 들어가기도 했습니다. 가장 힘들었던 것은 공동화장실 사용이었습니다. 집에서 50여 미터 떨어져 있는데 눈을 뜰 수 없을 정도의 냄새도 힘들었지만 밤이나 새벽에 가는 게 가장 고역이었습니다. 저는 엄마나 언니를 깨워서 함께 가곤 했었죠.

하루는 어머니가 동사무소에 갔다 오셔서 막 우시는 것을 보았습니다. 동사무소 직원에게 기초생활 수급자 탈락되지 않게 해달라고 사정했는데 안되었던 겁니다. 그 직원이 누군지는 모르겠지만 어린 마음에 참 미워했습니다. 우리 같은 가정을 지원해 줘야지 엉뚱한 사람들만 도와주는 것 같았으니까요. 내가 나중에 그런 일을 하면 정말 정직하고 공정하게 하리라 생각했죠. 우연찮게 대학에서 사회복지를 전공하고 사회복지직 공무원의 길로 들어서게 되었고 공무원을 하면서 가난한 사람들 편에 서려고 나름대로 많이 노력했던 것 같습니다. 갈 곳 없는 장애인과 숙직실에서 같이 자기도 하고 시댁에서 쫓겨난 정신질환 아주머니가 폐가에서 애를 낳았다는 소식을 듣고 애와 산모를 데리고 시댁에 쳐들어 가기도 했던 추억들이 떠오릅니다. 가난을 경험했으니 누구보다 가난한 사람들의 심정을 더 헤아릴 수 있어 그들 편에 설 수 있었습니다.

국제개발 활동가 때도 마찬가지였습니다. 아프리카 슬럼지역은 정말 한국과는 비교가 안 될 정도로 처참합니다. 화장실이 없는 집이 대부분이죠. 그들은 플라잉 토일렛(Flying toilet)이라고, 봉지에 볼 일을 본 후 지붕 위나 공중에 던집니다. 한 여름에는 숨을 쉴 수 없을 정도로 악취가 풍기는 곳이죠. 함석으로 얼기설기 엮은 지붕에 하수도도 잘 정비되어 있지 않아 오물로 뒤덮인 골목을 보면서 내 어린 시절이 떠올라 친근함이 느껴질 정도였습니다. 슬럼에서 자랐으니 해외의 웬만한 불결한 환경에도 견딜 수 있고 비위생적인 화장실도 잘 사용하고 현지 적응에 그다지 어려움을 못 느꼈습니다. 나의 치부라고 여겨져서 감추고 싶었던 경험을 하나님은 오히려 강점으로 환원시켜 주셨습니다.

그리고 시골 경험도 많은 도움이 되었습니다. 아는 사람 없는 시골에 파견되어 원망도 많았었는데 모내기, 벼베기 같은 농사일도 배우고 농경사회문화를 체험하는 소중한 시간이었습니다. 그때의 경험은 아시아와 아프리카에서 주민들과 농업 프로그램을 할 때 많은 도움이 되었는데 이럴 줄 알았으면 더 많이 더 제대로 배울걸 하고 후회가 될 정도였습니다. 하나님은 이렇게 나의 경험을 통해 치유하시고 일하시고 성취하고 계셨습니다.

다섯째, 나의 고집을 꺾고 하나님의 뜻을 이루어 가셨습니다.

아프간으로 다시 돌아갔을 때 저는 그동안 그 일에 필요한 영적, 육적 훈련을 완벽하게 마쳤다고 생각했습니다. 영어 합숙훈련 4개월, 선교훈련 9개월, 그 외 컴퓨터 기술, 수지침과 경락마사지 등 배울 수 있는 건 다 배웠죠. 하지만 하나님이 완벽하게 준비했다고 생각한 내 믿음을 크게 흔드신 일들이 아프간 도착 직후 발생했습니다. 도착 한 달 만에 말라리아에 걸려 호되게 고생했고 연이어 담석증으로 결국 2개월 만에 귀국해서 수술까지 받아야 했습니다. 수술 후 면역이 약해져 피부병, 위염 등 온갖 질병을 앓았고 한 시간을 걸으면 하루 종일 누워있어야 할 정도로 체력이 바닥났습니다. 몇 개월 후 다시 아프간으로 돌아갔지만 함께 했던 봉사단원 2명이 귀국 후 한 달 간격으로 하늘나라로 떠나는 일이 발생했습니다. 겨우 마음을 추스르고 일에 집중하던 차에 한인 피랍사태 여파로 그곳에서 일하던 한국인들이 철수해야 했습니다. 평생을 아프간에서 살겠다고 훈련받고 이제

왔는데 제대로 일하기도 전에 삶의 터전까지 잃어버린 것입니다. 하나님이 도대체 뭐하시는지 알 수가 없었습니다. 사랑의 하나님이신데 당신의 성품과 모순되는 이런 일을 왜 겪게 하시는지 이해가 되지 않았습니다. 고통은 세상 모든 사람들이 살아가면서 한 번쯤은 그 이유를 알기 위해 울부짖는 문제라고 생각합니다. 그 당시 저는 믿음을 다시 세우기 위해 처절히 절규했습니다. 결국 아프간의 문은 닫혔고 하나님은 장막을 더 넓게 펴라고 하셨는데도 알아듣지 못했습니다. 하나님은 제가 다양한 국가, 다양한 문화를 체험하기 원하셨는데 언젠가는 아프간에 다시 돌아가겠다고 고집을 부렸습니다. 그 후 캄보디아와 아프리카의 케냐, 차드에서 다양한 문화와 사람들을 접하면서 이제는 편견과 편협한 마음이 많이 깨졌습니다. 하나님은 고통을 통해 제 고집을 꺾고 결국 당신의 계획을 이루어가고 계셨던 것입니다.

끝으로 국제개발 활동가가 되기 위해서는 무엇을 준비해야 할까요? 전공은 저와 같이 사회복지도 있지만 요즘은 국제개발학과도 많이 개설되는 추세입니다. 또한 농학, 보건학, 영양학 등 점점 전문화되고 세분화되는 경향도 있으며 영국이나 미국에서 개발학, 평화학, 지역학 등을 유학하고 오는 경우도 있습니다. 해외에서 활동해야 하니 영어 실력을 쌓는 것이 필요하고 무엇보다 인권을 이해하고 우선순위에 두어야 합니다. 다양한 문화에 대한 열린 태도와 공감능력도 중요합니다. 그래서 우선 해외봉사활동을 통해 자신을 한번 점검해보는 것도 좋은 방법입니다. 해외현장에 내가 잘 맞는지 현지 사람들과 친화력이 좋은지, 정신/육체적으로 잘 견디는지 스스로 테스트하는 것도 좋은 경험이 될 것입니다. 근무지는 UN이나 산하단체, 국제기구는 물론 개발 NGO들도 많이 있습니다. 월드비전, 옥스팜, 굿네이버스, 어린이재단 등 대형 단체들부터 작지만 가치지향적이고 알찬 단체들도 많이 있으니 관심을 가지고 두루 살피다 보면 자신과 맞는 개발 NGO를 찾을 수 있을 것입니다. 또한 학계에 진출할 수도 있고, 코이카 등 정부 산하기관에서도 일할 사람을 찾고 있습니다. 그 외에도 활동범위는 점점 넓어지고 있습니다.

우리는 하나님이 인간에게 선물로 주신 이 지구를 잘 가꾸고 감사하며 더불어 아름다운 공동체로 살아야 할 소명을 받은 자들입니다. 창세기의 '땅을 정복하라, 바다의 물고기와 하늘의 새와 땅에 움직이는 모든 생물을 다스리라'고 우리에게 주신 미션은 총 같은 무기로 사람을 정복하라거나 혹은 무분별한 개발로 자연을 정복하라는 것이 아니라 사랑으로 정복하고 다스리는 것을 뜻합니다. 미션을 주신 분이 사랑 그 자체이시기 때문입니다. 지구촌에서 들려오는 자연의 소리 없는 눈물과 가난한 사람들의 신음소리는 우리의 내면을 다듬고 성찰하는 것 이상을, 우리가 달성한 목표와

성과를 음미하는 것 이상을, 우리가 받은 축복을 나열하는 것 이상을 해야 함을 의미합니다. 우리가 꿈꾸는 세상을 위해 여러분도 한번 도전해 볼까요? 여러분의 도전을 사랑하고 축복합니다.

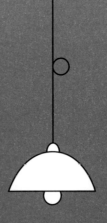

 지금 이 시대에 왜 인문학을 공부해야 하는지를 살펴보고 역사 속 예수 그리스도는 어떤 위치를 차지하고 있는지 역사 전공자의 관점에서 살펴봅니다. 3교시에 공부했던 차별과 혐오의 문제를 예수는 어떻게 대응하셨는지 다시 한번 자세히 살펴보고 역사적 예수의 해석자로 살아가는 우리가 나만의 인생을 어떻게 채워갈지 그려갑니다.

역사의 바탕에 걸어간, 오진* 예수

*오지다: 마음에 흡족하게 흐뭇하다는 순 우리말

오주희

코리안챔버오케스트라 본부장

이미지의 세상에서 나를 위한 교양

나에게 매일 같이 주어지는 오늘을 우리는 모두 오지게 만들고 싶어 합니다. '인문학' 또는 '교양'을 주제로 매일 쏟아지는 다양한 형태의 콘텐츠들은 너무 많아서, 우리의 욕구를 만족시키는 것을 넘어서 주체할 수 없을 정도인 시대에 우리는 살아가고 있습니다. 우리 시대는 인문학적 지식의 부재를 채우고자 하는 필요의 수요보다 필요를 채우기 위한 공급이 많은 것 같습니다. 하지만 그저 단순하게 '공급 과잉'이란 말로 지금 시대를 정확히 표현할 수는 없습니다.

우리의 하루를 잠깐 뒤돌아볼까요? 전날 밤 눈꺼풀이 눈을 억지로 덮기 직전까지 우리는 '나의 오진 인생을 위하여'라는 목표로 내가 선택한 기준에 부합하는 오져 보이는 타인의 SNS의 계정을 끝없이 항해하였습니다. 본질적인 답은 얻지 못하고 또다시 공허한 마음을 안고 뒤척이다 늦은 잠을 청해봅니다. 무거운 머리와 눈을 겨우 달래며, 고된 하루를 끝내고 또 한 번의 선물 같은 하루가 우리에게 주어집니다.

오진 인생을 만들기 위하여, 무거운 몸을 일으켜 보지만 어제의 피로는 우리의 몸과 마음을 짜증스럽게 합니다. 학교로, 일터로 향하는 아침의 발걸음과 함께 내가 잠든 동안 그새 쌓인 타인의 SNS 이미지를 관람하기 시작합니다. 그러고 보니 우리는 타인을 관람하는 데에 참 많은 시간을 사용합니다. 내가 아닌 타인에 대한 집중과 모방하고자 하는 욕구는 이 시대의 젊은이들을 관통하고 있는 반드시 행해져야 하는 하루의 규칙과 같아 보입니다. 자, 그럼 나의 오지는 하루는 언제 시작할 수 있을까요?

나의 오진 인생을 만들어 가기 위하여 먼저 전제되어야 할 명제가 있습니다. 원래 모든 사람은 공허한 존재인 것을 인정하는 것이지요. 우리는 우리의 공허한 속 사람을 금방 사라질 것들로 채우고자 노력하는 수고를 매일 타인의 SNS의 계정을 항해하고 있진 않습니까?

사실 우리는 공허한 인생을 채우기 위해서 우리가 알고 있는 지식과 경험을 넘어서는 '흔들리지 않는 견고한 무언가'가 필요하다는 것을 이미 알고 있습니다. 만약 거리의 굶주린 사람이 한 끼의 따뜻한 식사를 거절하고 멋진 옷 한 벌을 원한다면, 우리는 그 선택을 바보같다고 할 것입니다. 그렇다면 당신은 어떻습니까? 오늘 하루 공허함을 데워줄 따뜻한 한 끼의 식사와 같은 가치를 더욱 중요하게 생각합니까? SNS 업로드를 위한 한 장의 이미지를 위해 주린 배를 움켜쥐고 있지는 않습니까? 우리는 우리의 영혼에게 더 시급한 편을 선택하고 달려갈 줄 아는 용기와 우리 자신을 외부로부터 찾는 헛된 수고를 멈추는 결단이 필요합니다.

우리가 열망하는 옷 한 벌, 즉 보여지는 세상의 영광을 자세히 들여다보면 사실 그것들은 그림자와 같습니다. 보여지는 면을 중시하는 우리 삶의 태도가 오히려 진짜 내 삶의 알맹이를 걷어차고 삶의 본질인 진짜 나는 온데간데 없이 흐려지게 만들기 때문입니다. 또, 우리는 쏟아지는 '카더라' 뉴스, 소식지들의 홍수 속에 나의 하루를 맡기고 이리저리 휩쓸려 다니다 빈 손으로 하루를 마무리하는 일상이 자주 있습니다. 타인의 영광을 추적하다 빈 손으로 마무리하는 이 공허한 나의 하루를 우리는 언제까지 유지해야 합니까? 우리가 사는 이 시대에서 '보여지는 성공'으로 분류되는 것들은 사실 손에 잡히지 않는 우리가 만들어낸 허상이라는 것을 알아야 합니다.

우리는 '보여지는 것' 즉 이미지의 세상에 살고 있습니다. 다가오는 시대에는 텍스트가 아닌 이미지를 읽어내는 시대라고 예측되고 있지요. 이와 연관하여 성공이라는 정형화된 틀을 이미지로 작업하여 보여주는 하나의 직업군이 생기는 기이한 현상까지 발생하고 있습니다. 바로 '인플루언서'라는 개념의 탄생입니다. 이들은 일반적으로 분류되어지는 직업의 부류에 속하지 않는 개념으로 철저히 타인의 시선과 반응을 통해 수익활동을 창출하는 21세기 이미지 세대의 맞춤형 직업군입니다. 이들은 자신의 개인적인 일상생활의 모습들을 선별하여 철저하게 계산적으로 노출함으로 타인의 허영심을 자극하는 것을 주무기로 삼습니다. 이 자극을 매개체로 활용하여 인플루언서와 협업하는 기업들은 쉽게 소비자들의 소비를 이끌어낼 수 있기 때문에 인플루언서와의 협업에 열광합니다. 그래서 우리는 이들의 계산적이고 선별적인 사생활 노출이 '허상'의 결정체라는 것을 알아야 합니다. 이 허상이라는 것은 사람들의 관심을 받으면 받을수록 본질, 즉 진짜로부터 멀어지게 하는 특성을 가지고 있습니다. 우리는 인플루언서들의 본질적인 모습을 절대 볼수 없습니다. 그들은 그것을 노출하기 꺼려하며 수익과 관련한 이미지만을 선별하여 보여주기 때문입니다. 사람의 허영심을 자극하는 매개체가 되는 인플루언서와 그들의 노동행위에 대한 판단은 잠시 보류하겠습니다. 이 행위가 나쁘다 좋다는 잘잘못을 따지기보다는 그것으로부터 나의 삶이 얼마나 영향을 받고 있는지 잠시 숨을 고르고 직시하기를 바랍니다.

　　타인에게 비춰지는 겉모습은 오래전부터 인간이 자신을 표현하는 중요한 요소중 하나였습니다. 그 사람을 알아가는 첫 단계는 당연히 외향적인 요소입니다. 아름다운 첫인상에 매혹을 느끼고 호의를 갖는 것은 인간 본연의 특성입니다. 그래서 이미지, 보여지는 것은 사실 잘못되었거나 나쁜 것은 아닙니다. 그것은 오히려 우리 인생에 중대한 몫을 차지하며 잘 활용해야 하는 도구이기도 합니다. 우리의 외형을 가꾸고 돌보는 일은 매우 마땅히 해야 할 일 중에 하나이며 옳은 일입니다. 그러나 제가 현 시대를 보며 우려하는 것은 우리가 너무나 SNS의 영향을 받으며 살아가다 보니 우리 내면과 외면을 자꾸만 분리하여 별도의 것으로 다루려고 한다는 사실입니다. 이 두 가지를 떼어서 생각하려는 것 자체가 어불성설입니다. 인간은 내면과 외면, 이 두 가지의 끊임없는 상호 작용으로 살아가도록 만들어졌기 때문이죠.

여러분도 잘 아시겠지만, 한국의 성형외과술은 전 세계적으로 인정받고 주목받는 분야라고 합니다. 한국이 가진 섬세한 기술력은 눈부신 성과를 만들어 'K관광 상품' 분야들 중에서 '성형수술을 위한 상품'이 해마다 폭발적으로 증가하고 있다고 합니다. 그런데 여기서 주목할만한 재미있는 이야기가 있습니다. 성형외과 의사들이 아무리 훌륭한 수술을 해도 성형할 수 없다고 입을 모아 이야기하는 한 가지가 있는데, 바로 사람 본연의 '눈빛'이라고 합니다. 환자가 원하는 전체적인 얼굴의 밸런스를 맞춰주는 것은 의사의 역할로 가능하지만, 흔히 말하는 '좋은 인상'을 결정하는 것은 '눈빛'인데, 이것만은 세계가 인정하고 있는 한국 성형외과의 눈부신 기술력으로도 어찌할 수가 없다고 합니다.

참 재미있는 이야기라고 생각합니다. 이 눈빛이라는 것이 얼굴 전체에서 큰 비중을 차지하는 것이 아니라고 생각했는데, 전 세계에서 주목하고 있는 한국을 대표하는 성형외과 전문의들이 사람의 인상을 결정하는 한방은 '눈빛'이고 이것은 현존하는 성형외과술로는 변형이 불과하다고 하는 이야기는 우리가 다시 한번 우리의 내면과 외면을 고루 살펴야 하는 이유를 설명해주고 있습니다. 나의 외면으로 표출되는 것들을 결정짓는 나의 눈빛은 그동안 내가 나의 내면에서 고심하고 노력하여 만들어낸 축적된 결과물이라고 생각합니다. 우리는 이제 나의 내면과 외면을 합치는 훈련을 애쓰며 노력해보면 어떨까요? 그동안 살피지 못하였던 나의 내면의 문에 걸쳐 있던 빗장을 열고 진짜 나와 이야기의 물꼬를 다시 조금씩 터보는 작업을 해봅시다. 내가 만들고 싶어 하는 외면의 아름다움을 완성시키는 결정체는 나의 내면임을 잊지 말아야 합니다. 꾸며낸 것은 결국 꾸며낸 것에 그칠 수밖에 없음을 인정해야 합니다.

오늘 하루, 내가 만들어가는 세상의 기준을 다시 한번 생각해볼 필요가 있습니다. 우리가 하루를 맞이하며 눈뜨고 눈 감는 저녁까지 애쓰고 쫓았던 그것들은 선별되고 계산된 허영의 이미지뿐이라는 것을 무릎을 탁 치고 깨닫기 바랍니다. 성경은 우리에게 세상적인 허영에 속아 넘어가거나 빠지지 않기를 끊임없이 권면하고 있습니다. 하나님께서는 이미 세상적인 허영 속에 빠져서 사람이 가장 '악한 것'을 즐 겨한다는 것을 아시는 분입니다.

지금, 나의 삶을 오지게 만들기 위해서 나는 무엇에 십중해야 할까요? 여전히 SNS에 업로드 하기 위한 한 장의 이미지를 연출하는 것이 전부일까요? 우리는 이렇게 계속 손에 잡히지 않는 허상을 쫓아야만 할까요? 손 닿지 않는 허 상을 움켜쥐기 위한 경쟁에 휩쓸리지 않고 내 안에 집중할 수 있는 힘은 어디서부터 만들 수 있을까요?

이러한 힘을 내 안에 만들어내는 것은 사실 쉽지는 않 습니다. 우리가 지금까지 해왔던 반복적인 일상의 영역들을 많이 수정해야 하기 때문입니다. 세상이 정해 놓은 아름다 움에 시선을 뺏기는 '대세'라는 기준들을 등지고 '나는 내가 품고 있는 옳고 바른 길을 향하겠다'는 다짐을 안고 세상을 향해 전진하는 시도에 나의 주변 지인들이 어리석고 멍청 하다고 조롱할지 모르겠습니다. 그러나 그때 당당하게 나의 의지를 앞서 내세우는 힘의 원천을 만들어 보는 것입니다. 이러한 경험들이 계속 쌓여간다면 어느새 나는 나만의 길을 흔들리지 않고 걸어가고 있는 사람, 나의 것을 채우는 삶을 살아가고 있는 사람이 되어있을 것입니다. 이러한 과정에 반드시 동반되면 유익한 것이 바로 '교양적 사고'입니다. 말 이 어렵고 거창하지만, 인문학적인 교양을 베이스로 내 삶을 그 위에 올려보는 연습입니다.

영국을 대표하는 시인이자 문학비평가인 '매튜 아놀드(Matthew Arnold)'는 "교양이란 '세상에서 이야기되고 사색되어 온 가장 훌륭한 것'을 아는 것이다."라고 정의하였습니다. 이 시대를 살아가고 있는 한국의 젊은이들은 여기 언급된 '교양'을 쌓기 위해 전 세계를 직접 발로 뛰기도 하고, 열심히 웹사이트를 종횡무진하며 부지런하고도 빠른 삶의 템포로 살아가고 있습니다. 빠른 삶의 템포와 더불어 교양의 양적 증가를 갖춘 젊은이들을 '성공한 엘리트' 인생으로 정의하기도 하죠. 대부분의 이렇게 정의된 젊은이는 좋은 학벌을 거쳐 대기업 취업의 수순을 밟은 친구들이기도 합니다. 그런데 정말 우리는 '교양의 충만한 정도'를 이력서에 한 칸, 한 칸 채워 놓는 것으로 대치하여 생각해도 괜찮은 걸까요? 매튜 아놀드의 정의처럼 교양은 세상이 '오랜 시간'을 통해 '사색한' 훌륭한 무언가인데, 우리는 정말 오랜 시간을 들여 이 '사색'을 하고 있나요? 빠른 템포의 삶속에서 급조한 사색을 이력서 한 칸에 억지로 끼워 넣고 있진 않았나요?

"나는 생각한다, 그러므로 나는 존재한다." 프랑스의 위대한 철학자 르네 데카르트(René Descartes)가 남긴 이 위대한 명제는 그가 남긴 《〈제1 철학에 관한 성찰〉》에서 서술한 제1 원리입니다. 이 명제는 수백 년이 흐른 지금도 우리의 가슴을 탁 치는 무언가를 선사합니다. 복잡한 이론 같지만, 실상 간단합니다. 철학자 데카르트는 조금이라도 확실치 않은 모든 것을 의심하였습니다. 그는 인간이 지닌 감각이라는 것은 사실 불완전하기 때문에 이것을 통해 인식되는 모든 지식은 얼마든지 의심할 수 있다고 주장했습니다. 그럼 우리는 우리의 불완전한 지식이 아닌 앞서 만들어진 검증된 온전한 지식을 쫓아야 하지 않을까요? 거짓이 아닌 참 지식으로 분류된 무언가 들을 우리는 어떻게 만날 수 있을까요?

역사로 사색하며 걸어가기

교양적 사고 위에 내 삶을 쌓아 올라가기 위해 우리는 인문학을 공부하고 사색해야 합니다. 인문학은 다양한 분야가 존재합니다. 그중에서 저는 역사(歷史)를 전공하였기에 역사를 주목하여 사색하고, 사색의 바탕 위에서 나의 인생을 다시 펼쳐 그 위로 걸어가는 한 가지 방법에 대해 이야기하고자 합니다.

역사란 표면적으로 '과거에 대한 기록'입니다. 인류 사회의 변화와 흥하고 망해가는 과정, 그것을 기록한 것을 우리는 인간 사회의 역사라고 부릅니다. 또, 역사는 어떠한 주체가 탄생하고 발전되어 온 연대기를 부르기도 하며 자연현상이 변해가는 과정을 나열한 것 또한 포함시킬 수 있습니다. 영국의 대표적인 역사학자 에드워드 핼릿 카(Edwrd Hallett Carr)가 남긴 저서 〈〈역사란 무엇인가?〉〉는 영국 케임브리지 대학교에서 그가 강의한 내용을 바탕으로 1961년에 출간된 책입니다. 이 책이 출간된 이후로 역사학자들의 기본서와 같은 역할을 감당하고 있는 책이기도 합니다. 이 책은 기본적으로 역사란 무엇인지에 대한 답을 찾기 위해 '역사'가 되는 것들의 나열을 시작으로 역사로 기록되기 시작하는 것들의 나열에 대해 설명합니다. 또한 현재까지 전해지고 있는 '역사의 기록'들이 살아남아 전해질 수 있었던 조건들에 대해 연구하였으며 수 세기에 걸쳐 역사를 기록한 '역사가들'의 기록 당시의 사회적 위치는 어디에 있었는지에 대한 연구의 기틀을 완성한 책으로 평가받고 있기도 합니다.

근대 역사학자로서의 상징적인 위치를 차지한 에드워드 핼릿 카의 주장에 따르면 '역사가'와 '역사적 사실'은 서로에게 필수적이며 불가피한 관계라고 합니다. 그는 기록하는 역사가로서의 자질에 대해 "자신의 사실을 가지지 못한 역사가는 뿌리가 없는 쓸모없는 존재이다. 자신의 역사가를 가지지 못한 사실은 죽은 것이며 무의미하다. 따라서 '역사란 무엇인가?'라는 질문에 대한 나의 첫 번째 대답은, 역사란 역사가와 그의 사실들의 끊임없는 상호작용 과정, 현재와 과거 사이의 끊임없는 대화이다."라는 주장을 하였고, 이 주장은 현재 수많은 인문학적 지식을 집필하고 있는 저자들에게 밑거름이 되어주고 있습니다. 그는 '역사의 기록'이란 기록된 시점에서, 기록하는 역사가가 가진 그 당시의 사회에 대한 문제의식이라고 설명합니다. 즉, 우리가 현재 접하는 모든 과거의 사실이라 불리우는 역사를 바라볼 때 그것의 권선징악을 평가하는 것보다는 오히려 역사의 기록을 생산한 역사가가 그 당시 사회와 현실에 대해서 어떤 문제의식과 가치관을 가지고 있었는지를 파악하는 것이 더 중요하다는 주장입니다. 바꿔 말하면 과거의 역사가가 가진 문제의식과 가치관이 현재의 우리가 읽고 있는 역사적 사실이 되었다는 의미입니다.

흔히 기록된 역사는 '승자들의 역사'라고 불립니다. 힘 있는 자의 기록은 세대를 거쳐 전승되고 기록으로 남겨지지만, 힘없는 자들의 기록은 왜곡되고 사라지는 것이 보통이라는 주장입니다. 이러한 논쟁은 세대를 걸쳐 지속되어 왔고, 이 논쟁에는 늘 유적, 유물, 사진, 영상, 녹음 기록물들이 함께 하였죠. 우리가 경험해보지 못한 오랜 과거의 역사적 사실을 바탕으로 하여 그것을 심도 있게 연구하면서 인류는 끊임없이 다가오는 미래에 대한 전망을 예측하고자 노력하였고, 그 노력에 상응하는 눈부신 성과들을 우리는 누리며 살아가고 있습니다. 그러나 오늘날의 역사는 우리에게 어떻게 적용되고 있을까요? 매스 미디어의 발달, 특히 인터넷의 발달로 인해 전 세계가 한 라인으로 이어져 있는 현재를 살아가고 있는 우리에게 기록된 역사는 전혀 다른 의미로 다가올 수밖에 없습니다. 우리는 실시간으로 기록되는 이웃나라의 역사적 기록을 생생하게 지켜볼 수 있습니다. 한가지 현상에 대해 서로 다른 가치관과 이념을 가지고 전혀 다른 기록을 진행하고 있는 이 시대에서 역사적 진실은 온전히 그것을 해석하는 해석자의 것이 되었습니다.

실존적 예수를 역사로 기록한 플라비우스

이천 년 전, 예수라는 새로운 인물이 이스라엘 역사의 주인공으로 부각됩니다. 우리가 현재 읽고 있는 성경을 완성하신 주인공이죠. 그는 죄 많은 우리 인간을 위하여 하나님께서 구약에서 약속한 새 시대를 열어 주시기 위한 구원자이자 메시아였습니다. 예수가 탄생하고 살았던 당시 로마제국 시대에 대한 역사적 기록은 이미 신약 성경 전체에 아울러 기록된 것을 쉽게 찾아볼 수 있습니다. 사실 성경이 종교적 의미의 책을 넘어서 역사적 기록의 책으로 평가받을 수 있는 충분한 이유는 당시 로마제국의 역사를 기록한 수많은 역사책들과 대조해 보았을 때 성경에 나타난 당시 로마 제국의 사회적, 역사적 사실들에 대한 기록과 묘사가 전혀 뒤처지지 않기 때문이기도 합니다.

　우리는 이스라엘을 대표하는 고대 역사학자이자 정치가였던 플라비우스 요세푸스(Flavius Josephus)를 통해 이것을 좀 더 자세히 살펴볼 수 있습니다. 그는 기원 후 66년에 일어난 '제1차 유대-로마 전쟁'에서 예루살렘에서 갈릴리로 파견된 유대의 지휘관이었습니다. 당시 갈릴리의 한 마을인 요타파타를 지키던 그는 지휘관으로서 이 전투에서 로마군에 대적하였지만 결국 참패하고 로마군의 포로가 됩니다. 그 당시 유대 군의 관례에 따르면 전쟁의 포로가 된 군인은 자결하는 방법을 택하였다고 합니다. 포로로 잡힌 유대 군인의 무리는 제비를 뽑아 서로를 죽였고 마지막으로 요세푸스와 다른 병사 한 명이 남겨졌을 때, 요세푸스는 남은 병사를 설득해 함께 로마군에 투항하여 목숨을 건졌다고 전해집니다.

　그가 기록한 내용에 따르면 그는 기원후 70년 예루살렘 포위 당시 유대 군과의 협상에 참여하였다고 합니다. 그는 자신이 지키던 예루살렘이 함락되는 순간, 유대 전 지역이 로마군에 의해서 진압된 일련의 과정들을 모두 목격하고 그 사실을 기록하였습니다. 기원후 71년에 그는 로마에 입성하여 당시 최고의 특권이었던 '로마 시민권'을 얻었고 죽을 때까지 평생 로마에서 살았다고 합니다. 그는 베스파시

아누스 황제의 옛 저택에 머물며 지냈고, 점령당한 유대의 땅과 상당한 액수의 로마 연금도 지급받았으며, 황제 가문만이 대대로 쓰는 성씨인 '플라비우스'라는 이름까지 얻어 호화롭게 살았다고 기록되어 있습니다. 인간적인 평가로 볼 때는 많은 논란의 여지가 있는 요세푸스의 일대기를 우리가 주목한 이유는 그가 유대-로마 전쟁에 참전하여 예루살렘의 함락 과정까지 모두 지켜본 인물이었으며 그가 자신의 경험과 여러 자료를 토대로 〈〈유대전쟁사〉〉를 기록한 인물이기 때문입니다. 또 그는 기원후 95년경, 천지창조부터 시작된 유대인의 역사를 서술한 책을 남겼는데 이 책이 현재 전해지고 있는 고대 로마의 매우 중요한 역사서인 〈〈유대고대사〉〉입니다.

요세푸스는 그가 남긴 기록이 후대에 '플라비우스 증언'이라고 불리며 유명해졌습니다. 요세푸스는 예수와 동시대, 동일 지역에서 그를 직접 목격한 인물이었습니다. 예수와 동시대를 살았지만 성경에는 기록되지 않은 제3의 인물인 요세푸스가 예수를 성경이 아닌 본인의 책에 서술한 기록이 남아있는 것입니다. 성경이 종교적, 신화적 기록일 뿐이라고 부정하던 이들에게 한방을 날려주는 결정적인 역사 기록이라고 할 수 있죠. 요세푸스의 이 기록은 이 천년 전 이스라엘 땅에 실존하였고, 실질적인 행보를 하였던 예수의 역사적 기록이라고 할 수 있습니다.

역사가와 역사적 사실은

서로 필수적이며 불가피한 관계

자신의 역사적 사실이 없는 역사가

자신의 역사가가 없는 역사적 사실 ⎱ 무의미

from. 카의 역사란 무엇인가...

플라비우스 요세프스 Flavius Josephus

↳ 역사적 예수를 기록한 역사가

〈유대전쟁사〉 〈유대고대사〉 집필

"플라비우스 증언"

초대 그리스도교, 요한, 야고보에 대해 기록

√ 타키투스의 〈로마연대기〉 티베리우스황제 통치기에

예수의 빌라도에 의한 형벌과 처형 기록

그는 〈〈유대고대사〉〉에 초대 그리스도교의 기록과 예수 그리고 그의 제자였던 요한, 야고보에 대한 기록을 남겨놓았습니다. 특히 〈〈유대고대사〉〉 20권에서 그는 야고보의 처형 장면을 기록하며 예수에 대해 상세히 기록하였고, 18권에서는 역사적으로 실존하였던 예수에 대한 기록을 면밀하게 작성합니다. 이 부분을 가리켜 '플라비우스 증언'이라고 하며 많은 역사학자와 신학자들에 의해 회자되고 있습니다. 이 본문에 대한 논란은 16세기부터 오늘날까지 이어지고 있는데 논란의 핵심은 '플라비우스 증언'의 구절이 요세푸스 본인이 직접 처음부터 끝까지 서술한 것이라는 주장과 후대 그리스도교적인 첨삭이 있었다는 주장의 대립입니다. 이러한 논쟁들의 이슈는 역사적 서술서에 늘 동반되는 논쟁으로 우리는 기록된 역사가의 글에 의존하여 그것을 평가할 수밖에 없을 것입니다.

　　역사적인 인물로서의 예수를 역사적 사실로 기록한 역사가는 요세푸스뿐만이 아닙니다. 로마의 역사가 타키투스가 쓴 〈〈로마연대기〉〉에서는 예수가 빌라도에 의해 형벌을 받았고, 십자가 처형이 티베리우스 황제의 통치 기간에 이루어졌다는 사실과 예수가 전하였던 신앙이 유대 지역에서 로마까지 널리 퍼졌다는 사실을 자세히 기록하기도 하였습니다.

나와는 다른 타인을 향한 혐오의 시대

우리가 살아가는 이 시대는 '탈 냉전시대'라고 불립니다. 냉전이란 20세기 후반 세계 여러 나라들이 이념적으로 내립하는, 총칼이 사용되지는 않지만 전쟁과 같은 수준의 갈등이 존재하는 상황을 가리키는 말이었습니다. 그래서 '탈 냉전시대'란 냉전을 가할 요소들을 모두 제거되었다는 의미인데 우리는 이미 알고 있습니다. 보이지 않는 분리와 구분이, 이해관계로 인한 혐오와 차별이 과거보다 더욱 악랄하고 교묘하게 이루어지고 있는 시대를 살고 있다는 것을 말이죠. 인간의 탐욕과 허영 그리고 자만이라는 근본적인 인간의 감정들로부터 시작하는 이 구분과 분리는 국가와 이념, 종교의 분류를 넘어 '나'와 '나를 제외한 모두'(심지어 나의 가족을 포함하여)를 구분 짓는 극명한 이분법으로 확장되고 있죠. 우리는 이런 시대에 어떻게 살아야 할 것인가에 대한 해답을 실존하였던 역사 속 예수를 묵상하며 찾아나설 수 있습니다.

혐오와 차별이 가득한 이 시대에 대해 먼저 살펴봐야겠습니다. 우리 시대의 의견 표출 방법은 너무나 직접적입니다. 배려, 심사숙고라는 것이 미덕이던 시대는 이미 지난지 오래고 너무나 빠른 템포로 타인을 판단하고 결정짓는 말들을 속사포처럼 쏟아내는 시대입니다. 우리에게는 타인을 있는 그대로 읽어 내려가 주는 시간의 여유와 배려조차도 없는 것 같습니다. 내가 정해 놓은 기준 안에서 내가 정한 범위만큼 허용된 타인만을 품고 있습니다. 내가 결정한 범위를 넘어서는 영역에 서 있는 사람이라고 느끼는 순간, 우리는 타인을 향해 이질감과 차별 그리고 혐오라는 화살을 제어 없이 무차별적으로 쏘아버립니다. 너무나 날 것의 시대를 살아가고 있습니다. 우리는 라이브한 피드백을 초단위로 쏟아내는 세상에서 힘들게 '버텨내고' 있는지도 모르겠습니다. 혹시라도 화살의 방향이 나에게 돌아올까봐 전전긍긍하며 진짜 나의 모습을 찾아가기 위한 여정은 시도조차하지 못하고 말이죠. 오로지 그 화살이 나에게는 향하지 않고 있으니 나는 평안한 삶을 살아가고 있다고 나 자신을 속이고 있지는 않은가요? 타인을 향한 관람자의 태도를 고수하며 그 태도가 나를 지키는 방어막이라 여기고 있지 않습니까? 그러나 그 방어막이라고 생각했던 태도는 결국 '나도 타인도 소중한 존재임'을 망각하는 결과를 가져옵니다.

여기에 더해 우리 시대는 '자기 과시적인 삶'을 살아가는 시대로 자기 자신을 드러내는 것이 성공을 향한 노력이라고 생각합니다. 그러나 문제는 진짜 나를 보여주는 것이 아니라 진짜 내가 가지지 않은 다른 나, 포장하여 만들어낸 거짓의 나를 보여주기에 급급하다는 것입니다. 내가 오늘 올린 SNS의 이미지 한 장은 정말 나를 대변할 수 있습니까? 진짜 그 이미지는 온전히 타인의 영향을 받지 않은 고유한 나라고 자신 있게 그리고 당당하고 솔직하게 소개할 수 있습니까?

타인에 대한 즉흥적인 판단과 자신만을 높이려는 마음은 다른 사람을 수용할 수 있는 마음의 공간을 점점 좁아지게 하고 있으며 그것은 혐오와 차별로 이어지고 있습니다. 최근 몇 년 새 우리는 '~충(蟲, 벌레 충)'이라는 신조어를 많이 듣고 있습니다. 나의 기준으로 현시점의 나에게 이질감 또는 불편한 감정을 느끼게 하는 집단을 그 대표되는 단어와 접목하여 ~충으로 표현하는 것입니다. 이 신조어는 전형적인 나와 너를 구분하는 이분법적 사고로 '혐오'라는 현상을 양산시키면서 사회 문제를 대변해주고 있습니다.

사실 한국에서 혐오라는 단어가 사회적인 문제로 떠오른 지는 오래되지 않았습니다. 오래전부터 혐오라는 단어는 '여성 혐오'를 뜻하는 '미소지니misogyny'라는 단어로 통용돼 사용되었죠. 2016년 '강남역 살인사건'으로 불리는 한 사건으로 인해서 우리는 '혐오'라는 단어를 본격적으로 접하기 시작합니다. 이 사건은 여성 혐오범죄로 규정되며 이슈화되고 논란이 일었습니다. 이 사건을 시작점으로 최근 몇 년 사이에 여성을 비롯한 다양한 대상에 대한 '혐오범죄'가 폭발하듯 우리 사회에서 발생하고 있습니다.

혐오는 무엇일까요? 보통 사회학자들에 의하면 사회 공통의 혐오가 만들어지기까지는 반드시 그 사회의 역사와 사회적 배경이 바탕이 된다고 합니다. 인간에게는 자기와 다르거나 낯선 사람에 대한 무의식적 방어심리가 기본적으로 있는 것이지요. 그러나 대부분의 사람들은 이 방어 심리를 무조건 타인을 향한 혐오 또는 증오로 표출하지 않습니다. 보통은 나와는 다른 것에 대한 '거부 의사 표현' 정도로 수준을 조절하며 사회관계를 유지합니다. 그렇기 때문에 요즘 우리가 바라보고 있는 혐오와 증오의 표출을 그냥 한 개인의 실수로 인한 우발적인 문제로 넘기기에는 그 심각성이 너무 커졌습니다. 이 혐오와 증오의 표출로 인한 범죄 또는 일탈 행위는 자기도 모르게 분출한 일시적인 '화'의 감정과는 확연히 다른 문제로 접근해야 합니다.

혐오는 집단적으로 표출되는 것이 특징입니다. 여기 한 개인의 어떤 가치관이 있습니다. 그 가치관은 타인을 구분하고 차별하고 모욕합니다. 그런데 그러한 행위의 정당성을 부여하는 주변의 그룹이 있다면 이 표현의 방법은 날로 더욱 대범해집니다. 서로가 타인을 향해 쏘는 화살의 강도를 조절하기도 하고 비교하기도 하며 이들은 걷잡을 수 없는 혐오를 양산하는 사회적 괴물로 자라게 됩니다. 이들을 통제할 수 있는 사람은 없어 보입니다. 왜냐하면 이들의 진짜 모습은 아무도 모르기 때문입니다. 오직 이들의 이러한 모습을 아는 이는 그룹 안에 있던 혐오와 차별의 감정을 공유하고 발전시켜 파괴적인 감정을 공유하는 이들뿐입니다. 그리고 그들은 그 안에서 '비뚤어진 안정감'을 느끼며 위안합니다.

이 시대를 살기 위해 역사적 예수를 묵상하다

오늘날 행해지는 종교적, 국가적 대립뿐만 아니라 나와 너라는 소단위 대립으로 인한 차별과 혐오 행위는 최근 들어 갑자기 일어난 문제는 아닙니다. 고대 이스라엘에서도 동일하게 일어난 현상이었죠. 예수보다 앞서 종교 지도자의 역할을 감당하고 있던 소위 '기득권층'은 이 새로운 지도자 예수를 완강하게 부인했습니다. 예수는 이들로부터 오는 조직적인 차별, 혐오의 표현들과 늘 동행하였습니다. 심지어 당시 예수를 따르던 군중들 사이에서도 예수 그리스도의 정체성에 대한 비난은 끊이지 않았습니다. 나와 다른 타인을 우선 거부하길 원하는 인간의 기본 욕구는 판단의 기준과 표현하는 방식이 조금 달랐을 뿐 인류의 역사 속 언제든, 어디든 이렇게 존재하였습니다. 그러나 그는 이러한 차별과 혐오의 발언에 맞서 그들이 주장하고 따르는 '구약'에 대해 누구보다 정교하고, 섬세하고, 능통하게 제자들과 따르는 무리들을 가르쳤습니다. 그는 역사적 사실이자 약속인 기록된 구약을 부인하지 않았습니다. 변형하지 않았습니다.

그는 있는 그대로의 기록된 역사적 사실을 그대로 인용하였고, 그 자신의 삶을 통해 증명하였고, 이것을 바탕 삼아 살아가야 하는 중요성을 끊임없이 강조하였습니다. 예수는 구약과 신약, 즉 옛 것과 새로운 것이 구분되는 경계선의 삶을 살았던 분이었습니다. 결론부터 말씀드리면 예수는 구약이라는 옛 것의 역사를 바탕으로 하여 새 시대의 기준점이 되는 자신의 생을 만들어 냈다는 것입니다. 예수는 그의 생애 전체를 던져서 구약의 약속을 이 땅에서 펼쳐내고 실현해 낸 분입니다.

예수님의 공생애 시절 예수를 혐오하고 증오하던 세력들, 그들은 아이러니하게도 구약의 완성을 고대하고 기다리며 준비하던 당시 종교 지도자들이었습니다. 그들은 분명 '하나님을 지식적으로 알고 있던 사람들'이었지요. 그들은 '구약'이라는 절대적 사실에 확신을 가지고 있는 자들이었습니다. 그러나 그들은 예수 그리스도로부터 완성되는 구원의 역사에 대한 공감적, 체험적, 인지적 지식은 없었던 사람들이었지요. 그들의 가슴은 이미 자신들이 만들어 놓은 규제와 규율이라는 테두리 속에 어울리는 메시아가 아니라면 거부하고 차별하고 혐오할 마음들만 가득 차 있었습니다. 그들은 예수가 메시아라는 사실을 믿을 수도 있는 진짜 내 마음을 들여다볼 용기가 없었습니다. 당시 기득권층이기도 했던 종교 지도자들은 예수를 비난하지 않는다면 예수를 향한 비난의 화살이 자신을 향하지 않을까 두려워했을지도 모릅니다. 모두가 손가락질하고 모욕을 주고 있는 예수를 나도 함께 혐오한다면 화살이 나를 찌르지 않겠지라는 단순하고도 명료한 비겁함 속에 살았던 사람들입니다. 그들은 예수 그리스도 공생애와 십사가 사선을 통한 하나님의 구원의 실현을 거부하였습니다.

이러한 거부는 증오와 혐오로 이어졌습니다. 예수를 십자가에 못 박으라 외치던 예루살렘의 군중들에게 온전히 이해되지 못한 '구약'의 텍스트들은 결국 예수 그리스도를 밀어낼 수 있는, 혐오할 수 있는, 증오할 수 있는 절대적인 기준으로 사용되었습니다. 그들에게는 이 잘못된 해석과 이해가 그들이 예수를 혐오하고 차별하고 모욕할 수 있는 흔들리지 않는 기준과 확신이었습니다. 이러한 확신은 빌라도 법정 앞에 모인 자들에게 모두 공유되었으며 한 인격체를 무참히 살인하라고 외치는 동의로 확장되었습니다. 십자가 처형까지의 멸시받고, 모욕받고, 조롱받는 모든 과정 속에 그들이 할 수 있는 모든 힘과 논리를 다해 예수를 공격하였습니다.

이처럼 증오와 혐오를 일삼는 그룹에게는 최면과 같이 그 어디에서도 검증되지 않은 '자기 확신'이 바탕되어 있습니다. '혐오의 힘'을 지속적으로 유지하기 위해서는 자신이 확신하는 이 명제에 절대로 의심이나 회의가 있어서는 안 됩니다. 앞서 말한 혐오를 표출하는 집단의 비뚤어진 안정감입니다. 혐오와 증오의 당위성은 없습니다. 이 세상 어디에서도 그것은 존재할 수 없다고 예수는 십자가에 달리심으로 가르쳐 주셨습니다. 흠 없는 어린양 예수는 우리가 손가락질당하고 구별당하는 모든 것들을 그가 대신 짊어졌습니다. 그리고 그 죄를 해결하기 위해 십자가 처형을 기꺼이 감당했습니다. 혐오라는 감정의 표출은 서로 가장 끝과 끝에 존재한 너와 내가 상대를 공격하는 행동이라기보다는 우리 안에 나약한 점을 감추고 방어하기 위한 행동 중 하나입니다. 유대 종교 지도자들은 예수가 군중들에게 주목받는 것에 대한 두려움이 컸습니다. 그리하여 그들은 그들만의 논리와 테두리에 예수를 가두고 '당신과 우리는 다르다'라는 높은 장벽을 쌓는 일에 몰두하고 몰입하였습니다. 가장 보편적으로 보이는 혐오의 형태와 같았던 이들의 차별적 행동은 오늘날까지도 이뤄지고 있는 가장 흔한 혐오의 모습과 닮아 보입니다.

　실존하였던 예수. 그는 당시 종교 지도자로 불리려 하거나 로마 제국의 기득권층에게 자신을 정의하고 증명하고 인정받으려 애쓰던 인물이 아니었습니다. 구약이라는 역사적 사실의 바탕에서 그는 스스로 자신이 누구인지 분명히 알고 있던 분이었습니다. 그리고 분명히 알고 있던 '나'에 대해 자신 있게 소개하였습니다. 그러나 예수는 다름의 비난에 흔들리지 않았고 오히려 늘 확신에 차 있었습니다. 구약이라는 옛 역사의 실현이 자신의 발자취에 의해 진행형으로 완성되어가고 있다는 구약의 약속을 철저히 신뢰한 분이었기 때문입니다. 그러니 그는 그의 신뢰와 확신을 무기로 공격하는 분이 아니었습니다. 그분은 타인을 향한 사랑의 바탕 아래 그를 따르던 무리들을 인도하였고 가르쳤고 꾸짖으셨습니다. 그는 모두가 간음하였다고 저주하는 여인에게 돌을 던지지 않은 유일한 한 사람이 되어 주기도 하였습니다. 그는 손가락질하고 다름을 선포하며 모욕을 주고 차별하지 않았던 한 사람이었습니다. 간음한 여인의 사건은 현재를 살아가는 우리 시대에도 빈번히 일어나고 있는 이슈입니다. 자 우리가 속한 공동체에 이러한 일이 발생하였을 때 우리는 어떻습니까? 우리는 어떻게 그 여인에게 반응하고 행동합니까? 실로 숙연해지지 않을 수 없습니다. 죄 없고 흠 없는 예수는 충분히 그 여인을 책망하고 꾸짖을 자격이 있었습니다. 그러나 그는 그렇지 않았던 한 사람으로 남아 있어 주었습니다.

예수는 그의 인생 전체를 무시하고 부정하며 공격하던 무리들을 향해서도 꾸짖으셨지만 비하하지 않으셨습니다. 예수는 혐오적인 표현을 일삼는 자들을 향해서도 자신의 존재를 귀히 여기라 강조하셨고, 진짜 자기 본연의 것의 목소리를 듣고 찾고 반응하여 따르라 알려주셨습니다. 그들을 향해 안타까워하셨고, 또한 그들을 위해 하나님 앞에 외로이 중보 기도하셨던 단 한 분이셨습니다. 오늘날 혐오의 문제를 해결할 수 있는 방법을 역사 속 예수에게서 찾을 수 있는 이유입니다.

'너'가 아닌 '나'의 오진 인생을 위해

핸드폰만 열면 우리는 타인을 비난하고자 하는 유혹에 쉽게 빠질 수 있는 시대에 살고 있습니다. 그럴 때마다 조용한 사색의 시간을 가져봅시다. 내가 비난하고 싶은 그룹을 좁은 시선으로, 단편적인 면을 확대하여 펼쳐 놓고 판단한다면 이 세상에 비난으로부터 자유로울 수 있는 사람은 몇 명이나 될까요? 나 스스로 정의롭다 생각하며 정답이라고 생각하는 확신의 말들도 내 입술을 떠나면 더 이상 나의 소유가 아닙니다. 내 의지와 상관없이 다른 사람을 찌르는 비수가 되고 나의 앞길을 막는 걸림돌이 될 수도 있습니다. 내 입술을 통해 뱉어진 또는 내 손가락을 통해 찍혀진 모든 텍스트가 정의로울 수 없고 불완전하다는 것을 우리는 늘 염두에 두어야 합니다. 표현의 자유라는 명목 하에 스스로 제어되지 않은 언어들이 사회 곳곳에서 문제를 일으키는 것을 매일 뉴스를 통해 듣고 있습니다. 개인의 잘못된 신념과 그를 동조하는 그룹들의 비뚤게 뻗어나가는 사고를 저지하지 않고 그대로 둔다면 나뿐만 아니라 내가 소중히 여기는 내 가족 누구라도 그 혐오의 피해자가 될 수 있는 시대를 우리 손으로 만들어가고 있습니다. 오늘날 흘러넘치는 혐오와 증오, 그리고 차별은 남의 문제가 아니라 나를 포함한 우리 모두를 위협하는 문제입니다.

역사라는 커다란 프레임 안에서 보면 내가 ~충이라고 비난하는 그들도 나의 과거, 현재, 미래를 함께 가꾸어 가고 있는 우리 사회의 구성원들 입니다. 중요한 내 인생의 한 부분을 차지하는 그들을 혐오하고 비난하는 이유는 무엇인가요? 현재의 내가 느끼는 불완전한 감각적 지식이 '진실'이라고 주장하며 동의를 구하고 싶은 옹졸함이고 그 속내를 들키고 싶지 않은 치졸한 방어라는 사실을 이제 우리는 인정해야 합니다. 범죄 심리학자들은 타인을 향해 죄책감 없이 행하는 비인간적인 '악의 행위' 대부분은 비겁함과 맞닿아 있다고 공통적으로 주장합니다.

내가 누구인가? 나는 지금 잘하고 있는가? 나의 미래는 어떻게 될 것인가? 이러한 질문들에 대해 확실한 대답을 내놓지 못하는 나를 마주할 때마다 불안감에 빠지는 것이 우리들입니다. 불안이 우리 마음을 점령하면 할수록 다른 사람을 받아들일 수 있는 여유가 사라져 판단하게 되고, 미워하게 되고, 집단을 이루어 혐오하며 공격하게 됩니다.

성경은 존귀한 우리 한 사람 한 사람의 정체성에 대해 흔들리지 않는 믿음을 줍니다. 나의 죄성 가득한 인생을 이미 하나님께서 아시고 구원해 주신다는 것을 '흠 없고 죄 없는 어린양, 예수를 십자가에 처형'하는 사건으로 분명히 알려주고 있습니다. 우리는 성경에 남겨진 역사적 사실들을 통해 진짜 우리가 누구인지를 알 수 있습니다. '너는 그리고 네 곁의 이웃은 존귀한 존재이다. 나의 십자가에서 흘린 피를 통해 존귀한 존재로 씻김 당한 나의 양이다.' 네! 그렇습니다. 우리는 이 의심 없는 분명한 진실을 우리 인생에 흔들리지 않는 깃발로 세워 두어야 합니다. 늘 높은 곳에서 펄럭이도록 우리가 어떠한 환경에 처해 있던지 시선을 들기만 하면 보이는 푯대로 세워두어야 합니다. 이 사실이 살아서 생동감 있게 우리 마음속에 꿈틀대는 것을 느껴보십시오. 이 깃발이 희망차게 흔들리는 소리를 들어보길 바랍니다. 오늘 맞이한 하루의 의미가 새롭게 다가올 것입니다.

우리가 기록되어 남겨진 역사라는 과거를 굳이 되짚어보는 이유는 무엇일까요? 그 과거 속에는 모진 풍파들이 있고 비극도 있지만 인류는 늘 더 나은 미래를 향해 노력했습니다. 그렇기에 인간이 계속해서 맞이하게 될 미래의 역사에서의 인간은 더욱 합리적인 방향을 연구하고 변화하고자 정진할 것입니다. 과거가 되어 있을 현시점의 내가 속한 사회가 더욱 민주적, 평화적인 이상적 사회로 성장해 나아갈 것이라는 믿음이야 말로 인간이 가져야 할 가장 필수적 요소라고 역사가 에드워드 핼릿 카는 강조하였습니다. 역사는 제로 즉 '0'으로부터 새롭게 쓰여지는 것이 아닙니다. 오래전부터 전해지고 전해지는 훌륭한 무언가 들의 기록을 나의 삶 속 깊숙이 끌고 들이와 니의 것으로 소회히고 새롭게 만들어 내는 것입니다. 그래서 역사는 죽어있지 않고 살아 있는 것입니다. 우리보다 앞서 저 멀리 높은 파도와 씨름하고 있는 그는 당신이 지금 걷고 있는 바로 그 길을 걸어온 과거의 누군가입니다. 그렇기에 우리가 이 시대를 살아가기 위해 필요한 힘은 앞서 우리가 경험하지 못한 것들을 성실하고 온전하고 정확하게 경험하여 누군가 남겨 놓은 역사적 사실들을 면밀히 살피는 것으로부터 얻을 수 있습니다. 그것을 시작으로 진짜 나의 것을 발견하고 가꾸어 나갈 수 있습니다.

고대 종교 지도자들로 분류되는 성인들 중에서 '예수' 만큼 일관되게 정돈된 일반적 역사 기록을 가진 인물을 찾기는 어렵습니다. 예수에 관한 수많은 역사적 사실이 오늘날까지 기록을 통해 전해졌고, 인류의 역사에 영향을 지속적으로 끼치며, 현재 우리의 삶과 함께 살아가고 있습니다. 아주 명백하고 분명한 예수 그리스도의 역사적 사실 위에 사색하며 나의 인생을 다시 펼쳐내 봅시다. 역사적 예수의 해석자로서 살아가는 것입니다. 그 안에서 십자가를 통해 예수께서 나에게만 말씀하시는 진짜 나의 것에 대해 이야기를 나눠봅시다. 오늘 이 시간 혐오의 문제들을 역사 속 예수 안에 사색하며 해결 방법을 찾은 것처럼 우리 인생에 많은 문제들을 같은 방법으로 사색하며 답을 찾아갈 수 있을 것입니다.

잊지 않기를 바랍니다. 우리의 오늘은 '하나님의 역사'라는 큰 틀 안에 이미 계획되어 있었다는 사실을 말이죠. 예수를 통해 이천 년 전 이미 나를 그의 역사적 사실의 기록 안에 포함시키시며 계획하신 하나님의 크신 계획 안에 예수가 서 있습니다. 이 크신 계획은 예수 그리스도의 죽음과 부활을 통해 이미 완성되었습니다. 우린 이미 그분의 계획하심 아래 완성된 인생입니다. 허둥대거나 우왕좌왕할 필요가 없습니다. 나의 가치에 대해 의심할 필요도 없습니다. 이미 우리는 승리한 인생이라고 예수께서 선포하셨기 때문입니다. 이 계획이 바로 당신을 향하여 오늘 다가오고 있습니다. 이 다가오는 당신의 것을 손에 꼭 쥐어 내기를 바랍니다. 우리 한 사람 한 사람이 오진 인생으로 기록되기를 바라는 하나님의 크신 뜻 안에 오늘도 온전한 하루, 꽉 찬 나만의 것으로 채운 하루를 사시길 기도합니다.